論破されずに
話をうまくまとめる技術

本当に頭のいい人が
準備すること

弁護士／ビジネスコーチ
波戸岡光太
Kota Hatooka

青春出版社

はじめに　議論が苦手なすべての人へ

本書を手に取っていただき、ありがとうございます。
本書を手に取られたということは、

◆議論や意見を伝えるのが苦手
◆相手と対立しやすく、いつも揉めてしまう
◆自分の意見をなかなか言えない
◆建設的な対話や話し合いができるようになりたい
◆議論に強くなりたい

こうした思いをお持ちなのではないでしょうか。

言い換えれば、「もっとうまく話したい」「議論で相手に負けないようになりたい」と考えていらっしゃるのかもしれません。

今の時代、自分の意見や主張を発信することが大切だと言われています。仕事における会議や商談はもちろん、社内交渉の場面も多々ありますし、プライベートでも、家族との話し合いや、ＳＮＳを通じた発信ややり取りの機会も増えています。

だからこそ、議論の場で自分の意見を通したい、相手の主張に負けないようにしたいという思いを持つのは、ごく自然のことなのかもしれません。

しかし、もし「反論されずにうまく自分の意見を通したい」「議論に強くなり、相手を打ち負かせるようになりたい」と思っているのであれば、議論や話し合いの本質を見誤っている可能性があります。

なぜなら、**議論や話し合いというのは、上手さを競うものでもなければ、勝ち負けを争うものでもない**からです。自分の意見や主張を無理に押し通すことは、仕事においてもプライベートにおいても、良い結果にはつながりません。

近頃は「論破」という言葉が一種のブームになっているようです。

論破とは、文字通り、自分の論で相手の論を打ち破ることを指します。

テレビ番組でも「ディベート対決」のような企画が組まれ、対立する意見を戦わせる構成が一種のエンターテインメントとして視聴者を楽しませています。どちらの意見が勝つのかワクワクしながら見てしまうのは、多くの方にも心当たりがあるのではないでしょうか。

そういった影響からか、小学生の間でも「はい、論破！」とか「それってあなたの感想ですよね」という言葉が流行語のように使われたり、日常会話の中で使われる場面も珍しくなくなってきています。

こうしたことから、「論破できる＝すごい」「議論が強い＝カッコいい」というイメージが植え付けられているのかもしれません。

しかし、仕事や日常の場面で「論破する」ことは、本当に求められているのでしょうか。

そして、それは「すごい」「カッコいい」ことなのでしょうか。

私たちは、日々の生活やビジネスにおいて、誰かと話し合いながら物事を進める場面に多く直面します。そのような場で、一方的に「論破」に走ってしまったらどうなるでしょうか。

実際のところ、「論破」は日常生活やビジネスのほとんどの場面において、百害あって一利なしと言わざるを得ません。そして、「論破するか・しないか」のように、議論や話し合いを「勝ち・負け」で捉えている限り、うまくいくことはありません。

どうすれば議論・話し合いはうまくなるのか？

では、どうすれば、良い議論、良い話し合いができるのでしょうか。

それは、**自分の意見と相手の意見を互いに伝え合うことです。そうすることでお互いが納得できる、より良い結論を導き出す**ことができます。

つまり、

「A（自分の意見）vs B（相手の意見）」

と戦わせるのではなく、

「A＋B（自分と相手）＝C（より良い結論）」

をともに探し出すことが大切なのです。

単なる口論や意見のぶつけ合いではなく、お互いの意見に耳を傾け、話を整理し、話を着地させることこそが、話し合いの上手な人だといえます。

この本を手に取られた方の中には、

「もっと説明がうまくならなければ」

「論理的思考ができるようにならなければ」

「相手の意見にうまく反論する技術を学ばなければ」

と考えている方もいるかもしれません。

しかし、これらのスキルが必ずしも必要なわけではありません。

それ以上に重要なのは、次のものです。

◆ 話がまとまる思考法（マインド）
◆ 話を聴くスキル
◆ 話を整理するスキル
◆ 話を着地させるスキル

これらを身に着けるのは決して難しくはありません。話し上手になる必要もなければ、相手を論破する必要もありません。本書で紹介する方法を取り入れれば、相手に論破される心配もなくなり、どんな相手とでも建設的な議論や対話ができるようになります。

本書があなたの仕事や人生において、少しでも役に立てば、著者としてこれほど嬉しいことはありません。

波戸岡光太

目次

第2章 話がまとまる思考法

第3章

話がまとまる「聴く」スキル

第4章 相手を納得に導く「整える」スキル

第5章 合意にたどり着く「着地」させるスキル

第6章 「厄介な相手」に論破されない方法

第1章

論破は
愚者のすることである

「論破」という空虚なスキル

「勝ち・負け」思考の話し合いは不毛である

「はじめに」でもお伝えしたように、議論や話し合いは「勝ち・負け」を競うものではありません。しかし、実際に議論をしていると、つい「勝った」「負けた」という心理に陥りがちです。

その象徴的なワードが「論破」です。

論破をする側であっても、される側であっても、良い結果が生まれることはありません。自分の主張で相手の主張を打ち負かしたとき、一時的には「気持ちいい」「勝った！」と感じるかもしれません。

しかし、そのときの相手はどうでしょうか。相手は「打ち負かされた」「恥をかかされた」と感じるかもしれません。これがディベートのようにルールが整備され、勝敗を審査する競技であれば、後腐れなくすむでしょう。

しかし、日常生活やビジネスの場面で繰り広げられる「論破合戦」は、論点ずらしや詭弁《きべん》が使われたり、時には人格攻撃にまで発展したりすることが多く、後味の悪い結末を迎えることが少なくありません。

仮に、あなたが相手を完膚なきまでに言い負かしたとして、その相手は、その後もあなたに協力しようと思うでしょうか。より良い関係性を築きたいと考えるでしょうか。

答えはNOです。

論破が問題なのは、それが「人間関係を破壊するリスク」をはらんでいるからです。

ビジネスや日常生活の基本は、人間関係です。仕事でも家庭でも、人と人とのつながりがあってこそ成り立ちます。ですので、「論破した」「相手に議論で勝った」といったことに一喜一憂するのは愚かなことであり、意味のないことなのです。

6人の盲人と象

「論破」を広辞苑で調べると「議論して他人の説を破ること。言い負かすこと」とあります。いってみれば、議論を通じて相手が「おっしゃる通りです。参りました」と言わざるを得ない状況を作る、ということ。テレビドラマの「水戸黄門」のように、絶対的な正しさを持つ人がいるならば、「参りました」となるかもしれません。

ですが、現実の世の中に、「絶対的に正しいもの」はどれほどあるでしょうか。

インドに「**6人の盲人と象**」という寓話があります。

6人の盲人が目の前の象に触れ、それぞれが感じたことを説明しています。

象の鼻に触れた盲人は「象とは蛇《へび》のようなものだ」と言いました。

象の耳に触れた盲人は「象とはうちわのようなものだ」と言いました。

象の足に触れた盲人は「象とは木の幹のようなものだ」と言いました。

象の胴体に触れた盲人は「象とは壁のようなものだ」と言いました。
象のしっぽに触れた盲人は「象とはロープのようなものだ」と言いました。
象の牙に触れた盲人は「象とは槍のようなものだ」と言いました。

彼らは長いこと言い争い、誰も自分の意見を譲らなかった、というお話です。

この6人が語る内容はどれも間違いではありません。触れた部位が異なるだけで、それぞれが知り得た情報で、正しいことを述べています。

しかし、それが唯一の正解であるかといえば、それもまた違いますよね。

これは、ビジネスや日常生活にも当てはまります。互いが自分の意見を譲らず、最後に「論破」に至るのは、「自分は正しい」「自分は間違っていない」といった考えが根底にあるからです。そして、その考えを「証明したい」という思いが論破へと行動を突き動かします。

でも、それは本当に唯一の正解でしょうか?

自分が正しいと思っているだけで、正解かもしれないし、不正解かもしれない。それなのに自分の意見を押し通すことは、ただの自己満足にすぎないのです。

本当に議論が上手な人は何が違うのか？

議論が上手な人は「論破」しない

とはいえ、口論や相手を打ち負かすための議論がもっとうまくなりたいと考えている人は、意外にも多いようです。実際、弁護士として仕事をしていると、

「どうすれば議論に強くなれますか？」
「交渉や議論で負けないようになりたいです」

といった相談を受けることがあります。おそらく「弁護士＝議論に強い」というイ

メージがあるのでしょう。

私は弁護士として、これまで多くの議論や話し合いが上手な人を見てきましたが、彼らにはある共通点があります。

それは「論破をしない人」だということ。論破どころか「相手の感情と論理をしっかりと受け止め、話を整理しながら、より良いゴールに導ける人」。そんな人こそが、議論や話し合いが上手です。


なぜ、議論で勝つために「論破」をすることが良くないのか、もう少し言語化してみましょう。

ビジネスや日常の場面では、意見の対立は日常茶飯事です。特に何かを決める場面では、反対意見が出るのはむしろ当然のこと。異なる視点や多様な考えがあるからこそ、話し合いの場が生まれます。


では、そのようなときに「自分が正しい」と主張し続けるとどうなるでしょうか？

相手は「もういいよ……」と諦めたり、「話しても無駄だな」と投げやりな気持ちになり、土俵を下りてしまうかもしれません。

口では「わかったよ」「それでいいよ」と言ってくれるかもしれませんが、心の中では納得していない状態です。時には、明らかに不愉快な気持ちになって、それ以上の議論を拒否されることもあり得ます。いってみれば「シャッターガラガラ、閉店です」といった感じです。相手との会話がこのような形で終わってしまえば、その後の関係性が悪化するのも容易に想像できます。

そう、**論破しても人は動かない**のです。

また、論破の場面では、議論の焦点がいつの間にか「コト」から「ヒト」に移り、人格否定に発展することが少なくありません。

例えば、プロジェクトの進め方について議論している状況を考えてみましょう。

Aさん：「Aという進め方がいいと思う」

Bさん：「いや、Bのほうがいい」

Aさん：「Bには〇〇というリスクがある」

Bさん：「そんなのは机上の空論にすぎない。考えすぎだ」

このようなやり取りが続いて、お互いが主張を譲らないままでいると、

Aさん：「これだけ話しているのに、俺の言うことがわからないなんて、頭悪すぎ！」

Bさん：「そんなこと言われる筋合いはない。もうあなたとなんて話したくもない！」

人格否定されたBさんは自尊心を傷つけられ、Aさんに協力する意欲を失うでしょう。今後もAさんのために「力を貸してあげよう」という気持ちにはなれません。その結果、プロジェクトそのものがうまく進まなくなるかもしれません。

論破をしてもいい場面とは？

もちろん、論破が必要な場面もあります。
ひとつは、議論で問題点を洗い出す場面です。

例えば、新規事業を始めようとする場面をイメージしてください。その事業を進めるうえで、本当に勝算があるのか、失敗した場合の経営上の損害は大丈夫なのかなどを確認するために、様々なリスクや問題点を明確にする必要があります。

このような場合、事業を進めようとする側も、それに疑問を投げかける側も、論破する勢いで議論に臨み、「こんな場合はどうする？」「こうなったときはどう対処する？」といった細かな点を徹底的に議論し、矛盾点を指摘し合います。

このような場合には問題点を徹底的に洗い出すための議論が求められます。

また、「ディベート」も、論破が求められる場面です。

ディベートはあえて相反する意見に分かれ、どちらの主張が説得力があるかを論理的に説明し合う競技またはゲームのようなものです。

ディベートではルールに則《のっと》り討論が進められ、勝敗を決めるのは第三者です。そのため、直接相手を説き伏せる論破とは少し異なりますが、相手の主張の弱点や矛盾点を突き、自分の主張の正当性を論理で証明する点は共通しています。

最近では学校教育の一環としてディベートが取り入れられることも多くなりました。これにより、客観的・批判的・多角的な視点や論理的思考を養うほか、情報収集や整理、処理能力を身につける効果があるといわれています。

ルールに基づいて行われるため、「論破したから」「されたから」といった理由で相手との関係が悪化する心配も低いですし、そのような兆候があれば、第三者が適切に調整することが期待できます。

論破もリスクや問題点の洗い出しなどの「使うべきとき」に正しく使えば有効な手段になり得ます。とはいえ、やはり多くの場合、論破はしないほうがよいのは言うまでもありません。ですから「今は本当に論破が必要な場面なのか」を慎重に判断することが大切です。

「正しさ」よりも大切なこと

より良い話し合いとは何か？

ここまでお伝えしてきた通り、**論破とはつまるところ、「私が正しい」の押し付け**です。「どちらが正しいか」で決着をつけようとすると、「勝った・負けた」という構図が生まれ、その結果、「負けた」側には遺恨が残ってしまいます。

では、どうすればよいのでしょうか？

それは、**お互いが納得できる結論にたどり着くこと**です。

納得できる結論は、互いが合意に達する結論の場合もあれば、必ずしも意見が一致しない結論の場合もあります。「合意しないこと」を結論とする場合もありますし、「今はここまでで話し合いを止める」ということも考えられます。

重要なのは、話し合いに参加している人たちが納得した状態で話し合いを終え、次に進めるようになったかです。

私たちはいろいろな人との関わりの中で生きています。仕事でも日常生活でも、何かを進める際には、誰かと相談しながら進めることがほとんどです。相談したり、話し合ったりして、お互いが納得しながら、ともに物事を前に進めていくものです。

例えば、家族旅行の計画を立てる場合を考えてみましょう。

夫：「夏休みは家族で旅行をしよう。海はどうかな？」
妻：「海は暑そうだし、日に焼けるからやめたいかな」
夫：「じゃあ、高原にする？　湖の近くとか」
妻：「それなら涼しそうだし、子どもたちも水遊びができてよさそうね」

このように対話を通じて意見を交換し合えば、家族全員が納得のいく旅行先を決めることができます。きっとこの家族は、楽しい時間を旅先で過ごせることでしょう。ところが、「お互いの合意」ではなく、「一方の意見」を押し通す行為は、物事をスムーズに進めるうえでは致命的ともいえる問題を起こします。

仮に、夫があらゆる理屈を並べ立てて海に行くことを主張し、妻を説得したとしましょう。妻は旅行中、いや旅行の準備段階からずっと不満を抱え、不機嫌でいるかもしれません。海に着いてもパラソルの下から動かず、子どもたちと楽しそうに遊ぶこともないかもしれません。これでは楽しいはずの家族旅行が台無しです。

「自分の主張が通った＝勝ち」ではないのです。

この例でいえば、本来楽しいはずの家族旅行なのに、みんなが心に不満をため、心の底から楽しめるものではなくなってしまいました。

つまり、必要な場面以外で論破することは、「勝ち」ではなく、全員不快で納得できない、ある意味「全員負け」につながる悲しい行為なのです。

「正論」も使い方を間違えると相手を傷つける凶器になる

議論の場で正論ばかりを述べる方がいます。もちろん、正論は理屈として正しいため、相手は反論しにくいものです。

ですが、正しさは、時に武器となって相手を攻撃し、傷つけてしまう可能性があります。「正論を振りかざす」という言葉自体、「武器を振りかざす」のと似た表現。相手を受け入れることをしない「正論」は、その本質で「論破」と同じものになりかねないのです。

正しいからといって、相手がすんなり納得するとは限りません。

むしろ、**正論は正しいからこそ厄介**ともいえます。

論理的な正しさを突きつけられると、表面的には従わざるを得なくても、心の中では「確かに正論かもしれないけれど、なんだかね……」というすっきりしない思いが残ったり、「お前は正しくないことを言っているんだよ」というメッセージとして受け止められ、反感を抱かれたりすることがあります。

ビジネススキルとして重要視される論理的思考（ロジカルシンキング）も、同様のリスクをはらんでいます。

確かにロジカルシンキングは、思考を整理したり、物事をわかりやすく説明したりするうえで非常に効果的なスキルです。私自身も仕事柄、日常的にロジカルシンキングを活用しています。

ですが、最近では、論理的に相手を追い詰める言動や嫌がらせを指す「ロジカルハラスメント（ロジハラ）」という言葉が生まれ、問題視されるようになりました。理詰めで相手を苦しめてしまうならば、**正しいはずの論理も相手を傷つける「暴力」になってしまう**のです。

正論や論理も同様に、使い方を誤れば相手を傷つける凶器になりかねません。

今でこそ、こうしたことを語る私ですが、学生の頃は、「君はジャックナイフみたいだね」と言われたことがありました。議論の場で「喧嘩上等」とばかりに相手に容赦なく切り込んでいたからです。

「自分は正しい」「その考え方は間違っている」といったスタンスで、正しさを論理的に説明すれば相手は納得するだろう、と信じていました。

途中で相手が嫌な顔をし、「引いているな」と感じても、「自分は正しいことを言っているのだから問題はない。相手だって正しい結論に到達できてよかったはずだ」と思っていたのです。そして最終的に論破できれば、「よし、やっぱり自分は正しかった」とすっきりした気持ちになっていました。

その結果、ある友人との関係が気まずくなったことがありました。何か用事があっても声をかけづらくなり、自分自身が不自由な思いをしたのです。また、周囲の友人の中にも、私のことを「扱いづらい奴」と思っていた人がいたのではないかと思います。

今振り返ると、あのときの友人には本当に申し訳ない気持ちでいっぱいです。不快な思いをさせ、関係を悪化させてしまったのは私自身の至らなさでした。

私たちは何を目指せばよいか？

お互いが納得して、話がまとまる

人は得てして「自分の意見を曲げたくない」生き物です。

社会心理学者ロバート・チャルディーニの名著『影響力の武器』（誠信書房）でも触れられているように、人は「一貫性の原理」という心理を持っています。これは、自分の発言や信念、一度決めたことなどを貫こうとする心理のことです。

この心理が働くことで、私たちは一度心に決めた考えや意見、発した言葉を変えることがなかなかできなくなります。

その結果、お互いが主張を変えずに、「自分の意見こそが正しい」と相手を説得しようとし始めます。そして、自分の意見と異なる意見に対して、これを嫌ったり、否定したり、ついには論破しようとしてしまうわけです。

ですが、私たちが議論や交渉で本来目指すべきことは何でしょうか？

もちろん人によって答えは様々あるでしょうが、私は**お互いが納得できる有益な結論を導き出すこと**だと考えています。

お互いが納得し、「話し合いがまとまる」「何かしらの結論にたどり着く」ことが最も理想的な状態です。話し合いを通じて、参加した全員が納得できる形で話し合いを終え、その後の行動や次のステップへ進めるようになること――それこそが目指すべきゴールだと考えます。

そのゴールは先に述べたように、意見が一致する「合意」という形を取ることもあれば、「合意しない」という形になる場合もあるでしょう。あるいは、「今は結論を出さない」ということだって考えられます。

いずれにしても、話し合いの結果にみんなが納得して、次の行動や新たな課題に取り組むきっかけが得られることが重要なのではないでしょうか。

話がまとまるために必要な4つのこと

話し合いがまとまるために必要なのが「建設的な話し合い」、つまり、前向きな姿勢で、これからをより良くしていこうとする話し合いです。

適切かつ合理的で、なおかつお互いが納得できる結論が導き出されれば、人やチームは納得して行動してくれるものです。

相手の意見に対して、「そういうことであれば、このようにしたほうがいいのではないか」などと、互いの意見をすり合わせることで、話は前に進みます。

一方で、「自分の意見が正しい。だからこうしたほうがいい」などと言い続けても、意見がぶつかり合うだけで、話が進展することはありません。

必要なのは、「話がまとまる思考法（マインド）」と「3つのスキル」です。

◆ 話がまとまる思考法（マインド）
◆ 話を聴くスキル

◆話を整理するスキル
◆話を着地させるスキル

この4つによって、意見が異なる相手との話し合いをまとめ、お互いが納得できるゴールに到達することが可能です。

このマインドとスキルがあれば、これまで水掛け論や「ああ言えばこう言う」の状態に陥っていた話も驚くほどスムーズに進みます。

結果として、お互いが納得できる結論にたどり着き、話し合いをまとめることができるようになるでしょう。もし話し合いがうまくまとまらない場合、これらのどれかが機能していない可能性があります。

「相手にもっともらしく言われると、つい妥協して折れちゃう」「正しい結論のために、相手を論破しがちかも」「議論をしても言いくるめられてしまう」――そんな場面に遭遇したことがある方に、ぜひ活用していただけたらと思います。

第2章

話がまとまる思考法

対立すること自体は悪くない

意見が違うことは前提。大事なのは自分のスタンス

本章では、「話がまとまる思考法」についてお伝えします。

最初にお伝えしたいのは、**「意見の対立自体は、何も悪くない」**ということです。

「話をまとめよう」「実りのある話し合いにしよう」「互いの関係を壊さないようにしよう」などと考えると、議論で意見をぶつけ合ったり、意見対立したりすること自体が悪いかのように感じてしまうかもしれません。

しかし、そもそも人は十人十色、性格も人生経験も立場も異なる以上、誰もがまっ

たく同じ意見を持つことはあり得ません。つまり、意見の対立は自然現象であり、それ自体には善悪が存在しないのです。

結果として、「どうしても合意ができなかった」「話がうまくまとまらなかった」というケースもあるでしょう。けれど、むしろそれは自然なことでもあり、それがないなんて、逆に不自然ともいえます。

人それぞれに考えや意見があるのは当然ですから、「自分の意見が絶対正しい」と頑張るのではなく、多様な意見や主張があるものなんだという前提で話し合いに臨んでください。

時代がどんどん変わるように、自分の意見が変わったってかまわない、むしろ話し合いを通じて、自分の意見をアップデートさせたほうがいい。そんなスタンスでいると、異なる意見にも耳を傾けられるようになるでしょう。

「合意」することが唯一のゴールではない

「異なる意見にいちいち耳を傾けていては、合意するのは難しいのでは？」と感じる方もいるかもしれません。ですが、話し合いのゴールが必ずしも「合意」である必要はないことはすでに述べた通りです。話し合いを着地させる必要はありますが、それは必ずしも「合意」を意味するわけではないのです。

「必ず合意しなければならない」
「ひとつの結論を出さなければならない」

そんなマインドで話し合いや交渉に臨んでいると、結果的に大きな損をこうむってしまうかもしれません。何が何でも売りたい、とにかく何らかの合意を目指そうとすると、「論破」「説き伏せ」、あるいは「譲歩」「妥協」といった方向に話が進みがちだからです。

例えば、あなたが服や小物の販売店の店長だとしましょう。最近、売上があまり芳しくない状態が続いています。そんなとき、とあるお客さんがやってきて、「まとめて買うので、20％安くしてくれないかしら」と言ってきた場合、どうしますか？

あなたはお客さんにはぜひ買ってほしいと思っています。自分の店の商品を気に入ってもらって、リピーターになってくれたらお店としては貴重な顧客です。ですが、20％引きで売ってしまったら、利益はほとんど出ません。そこであなたは「10％まででしたら安くできますよ」と言うものの、「20％じゃないと買えないな」と言われ、交渉の余地はなさそうです。

さて、どうでしょうか？
あなたなら、合意を得るために20％引きで売りますか？

この場合、「合意しない」という選択肢が正解になり得るということです。もちろん相手の要求を飲むことで、今後のお得意様になってもらう可能性もあるでしょう。

けれど、本当に自分の店の商品の価値をわかってくれる人に買ってほしいという思いを大事にすることで、それを踏まえた販売の仕方を考えるきっかけになるかもしれません。相手としても、今後、喜んで売ってくれる別の販売店と取引するほうが、将来的に、より多くの商品に出合える可能性もあります。

そうすると、お互いが「今回は条件が合わなかった」と考え、納得してその選択をするならば、それも話がまとまったひとつの形です。

このように、意見が対立したときに大事なのは、「必ず合意しなければいけないわけではない」という考え方を持つことです。

合意にこだわりすぎると、かえって相手に足元を見られて不利な条件を受け入れる羽目になることがあります。それは「良い合意」とは言えませんし、自分が望んだ結果にならない可能性が非常に高いのです。

相手の意見を否定しない

先入観を持たず、フラットに意見を聴く

当たり前の話ですが、話をまとめる以前に重要なのは、相手の話や主張、意見に対して「聴く耳を持つ」ことです。

議論や話し合いが始まると、つい自分の主張や意見を強く言いたくなるものです。自分の思いや信念、主張する根拠など、説得材料を一生懸命集めて、相手に「YES」と言わせたい気持ちが湧いてくるでしょう。これは社内外の仕事の場面はもちろん、家庭であれば子どもへの教育方針、さらには思想や政治など、あらゆる場面で見られるものです。

「会社のこれからの方向性はこうあるべきだ！」
「子どもは小さいうちから英語教育をすべきだ！」

このような光景は仕事の場面だけでなく、SNS上でも日常的に見受けられます。
誰もが自分なりに導き出した「正しさ」を持っています。自分と異なる意見には反論したくなり、逆に自分の意見に反論されるとイラッとしたり、反射的に言い返したくなったりすることは誰にでもあるものでしょう。

ですが、こうしたスタンスを絶対に崩さない人の場合、意見や価値観の違う相手との話し合いはうまくまとまるでしょうか。おそらくうまくまとまらないですよね。
相手の意見や主張に耳を傾けず、自分の意見や主張だけを押し付けていては、感情的な対立を生むばかりで、建設的な話し合いをすることは不可能です。

「正しさ」を持つこと自体、何も悪いことではありません。
ただ**それと同じくらい大事なのは、「相手の意見をフラットに聴く」**ということです。意見が違う者同士が互いに納得できるゴールを見つけ出すためには、先にも述べたように、自分の意見を押し通す一方ではだめなのです。

相手の意見や考えに耳を傾け、否定せず、しっかり聴くことから意識してみましょう。自分の意見を伝えたりするのは、それからでも十分間に合います。むしろそのほうが効果的です。

「それってあなたの感想ですよね？」などと言わない

意見が違う、主張が異なる、反対意見を持っていること自体は否定でも何でもありません。大事なのは「**相手の意見を頭ごなしに否定しない**」ということ。

では、どういったことが「否定」になるのか。それは、

- ◆頭ごなしに「そうじゃなくて」「それは違う」と言う
- ◆相手の話を遮って、自分の話を始める
- ◆「わかってないなぁ」という視線を送ったり、面倒そうな仕草をしたりする

このように、話を最後まで聴かずに、あるいは聴いたとしても一切受け入れるそぶりを示さず、相手の意見にダメ出しをしたり、受け入れないことが「否定」です。

相手の意見が間違っているかどうかは重要ではありません。相手が自分と異なる意見を言ったとしても、**その意見が的外れだったとしても、まずは「相手がそのように考えた」という事実を受け入れることが大切**なのです。

反射的に否定したくなる気持ちをぐっとこらえ、相手の言葉や考えを受け止める。ただただ「なるほど、そう考えたんですね」と受け止めるだけでいい。これが、相手の話を否定しないこと、そして、ちゃんと耳を傾ける「傾聴」になります。

一笑に付したり、嫌そうな顔をしたりして、「で、何が言いたいんですか？」とか「それ、本気で言っているんですか？」なんて言うのはNG。間違っても「あなたの感想でしょ？」などと言ってはいけません。

これらの言い方や態度は、相手の意見や考えをバカにしたり嘲笑したりするものであると同時に、「あなたの話を聴く気がない」「あなたの話は聴く価値がない」というメッセージを相手に伝えていることになります。

そうなれば、相手はまるで自分が攻撃されているような感覚を抱き、今後、あなたがどんなに良い提案をしても、そんなものは受け入れたくないという感情的な反発を生んでしまうでしょう。

その結果、あなたは合意を得ることはおろか、話し合いはまとまらず、自分の希望が実現する可能性は遠ざかってしまいます。

「議論」と「対話」を区別する

結論を出す「議論」、相手を理解する「対話」

「会社の会議では自由に意見を言え」と言いながら、「違う」「できるわけないだろう」などと言って、結局話し合いが紛糾《ふんきゅう》してしまうというシーンはよく見かけます。

なぜ、そのようなことになってしまうのでしょうか。

その理由は、**話し合いが「議論」なのか「対話」なのかがごっちゃになったまま行われているから**です。

コミュニケーションにおける目的や定義は、「議論」「対話」「雑談」など様々。それらを個々人がどのように捉えるかは自由だとしても、他者とのコミュニケーションにおいては、話し合いの目的に合わせた定義ができていなければなりません。そうでないと、一方が「対話するつもり」であっても、もう一方は「議論をするつもり」で臨んでいるということが起きてしまいます。

そもそも、「議論」と「対話」は何がどう違うのでしょうか。

「議論」は、何かしらの結論を出すことを目的に、それぞれが自分の意見を述べ、具体的な方策を論じ合うこと、意見を戦わせることです。

参加者それぞれが異なる意見を持ち、その意見をぶつけ合い、反論や批評を重ねながら結論を導く話し合いが「議論」です。

一方、**「対話」は、必ずしも結論を出すことを目的とせず、お互いの価値観や考え方の違いに目を向け、わかり合おう、尊重し合おうとするコミュニケーション**です。

ですので、対話ではお互いの意見を否定せず、傾聴し合い、理解し合うことが中心となります。その過程で自分の考えや主張が変わることもあり、それが新たな発見や成長につながると捉えるのです。自分の意見や感覚と異なる意見や考えに出合うことの驚きや違和感を恐れず、むしろ歓迎する話し合いが「対話」です。

私たちはなにげなく「議論を深めよう」「自由に議論してください」といったフレーズを使うことが多いですが、このように「議論」と「対話」は似て非なるものです。実際、この2つをきちんと区別しないがゆえに、話し合いが混乱してしまうことは珍しくはありません。

例えば、会社の会議で「売上が減ってきている今、何ができるか」とか「新しい事業展開をどうしていくか」「この事業部の適正人数は何人か」といったテーマについて「議論」しても、なかなか明確な結論は出なかったりします。

なぜなら、これらは正解が存在しない問いであることが多いからです。

それにもかかわらず、何とかして結論を出そうとするあまり、自分の意見の正しさにこだわってしまうと、その会議からいいアイデアが生まれるはずもなく、それどころか、一番やってはいけない「論破」で会議が終わってしまう危険すらあるのです。

このような場面では、むしろ「対話」を通じてお互いの意見を聴き合い、すり合わせを図ることが重要です。そうすることで、会議前には誰も思いついていなかったアイデアが、その会議で生まれてくることが十分に考えられますし、それがあるからこそ、会議という場に参加者が集まる意味があるといえるのです。

話し合いの場では、「議論」と「対話」のどちらが今必要なのかを意識してみてください。もちろん、議論が求められる場面もありますし、議論と対話がミックスする場合もあるでしょう。

今は対話を通じて相手の考えや意見を理解するシチュエーションなのか、ここは自分の意見を主張しアピールする場なのか、しっかりと意識の中で区別することが大切です。

問題や課題を抱えた際には、「議論」と「対話」を意識的に使い分けることで、ぶつかり合いが起きがちなコミュニケーションが、より意義深く、建設的な方向に変わっていくはずです。

相手の「論理」と「感情」を理解する

人間は「感情の生き物」である

お互いが納得して話し合いがまとまる、そのために大事なのが、人の心理を知る、もしくは人の心の仕組みを理解することです。

なぜなら、**人間は「感情の生き物」**だからです。

ここは大事なポイントで、人は理屈や論理（ロジック）だけでは動きません。

例えば、ある人に「仕事で成功したいなら、もっと人脈を作ったほうがいい」と熱弁されたとします。それが、論理的に正しく、理屈として理解できる話だったとしても、その行動そのものがやりたくないことであれば、人は行動しないのです。

つまり、**理屈よりも感情が先に立っている**のです。

人を感情的に納得させることは、論理で納得させる以上に難しいといえます。論理だけで人が動くのであればいいのですが、感情的に「あなたのことが嫌い」「同意したくない」と思っているのであれば、合意を得ることや交渉事をまとめるのは大いに苦労します。

「人間は理屈だけでは動かない」とはよく言われますが、そのことを改めて覚えておきましょう。

そして、逆は必ずしも真ならずで、感情だけで相手が動くことも、これまたありません。

先ほどお伝えした「人は感情の生き物である」という言葉をもう少し正確にいえば、「**人は論理と感情の両方で納得しないと動かない性質**」を持っているといえます。

論理と感情を両方セットで捉えることで、相手は理屈的にも感情的にも納得し、行動してくれるようになります。

これは「合意を得る」「話をまとめる」という目的において大切なことです。

相手の心にネガティブな感情が湧いてしまうと、どれだけあなたが論理的に正しい話をして説得しようとしても、相手はあなたの話に乗りたくない、合意したくないと感じる可能性が高くなります。

「相手の感情なんて、煩わしいこと考えなければいけないの？」

と思うかもしれませんが、その通りです。煩わしいかもしれませんが、相手の感情も理解して話し合いをしなければ、まとまるものもまとまりません。

なぜなら、合意を得るときも、話をまとめるときも、自分ひとりで決められることはないからです。自分の主張や提案に対して、相手に納得してもらう、協力者として同じゴールにたどり着くには、論理や理屈だけでなく、相手の感情的な納得感を得る必要があるのです。

脳の「3層のアイスクリーム」理論

そもそもですが、なぜ、論理と感情が大事なのか。
それは、脳の構造を知ると理解できます。

「脳の3層構造仮説」というものをご存じでしょうか。
これは神経生理学者で臨床精神科医のポール・マクリーン博士が1960年代に提唱した理論です。

脳はひとつのモノとして進化したのではなく、積み重なる3層のアイスクリームのように進化したという考え方です。現代では批判されている部分もありますが、複雑な脳の仕組みを大づかみに理解するためには有用な考え方ですので、ここでご紹介しておきます。

◆1層目が爬虫類脳（反射能）

◆ 2層目が旧哺乳類脳（情動脳）
◆ 3層目が新哺乳類脳（思考脳／理性脳）

これらをひとつずつ見ていきましょう。

1層目は脳幹で、「生存本能」などの、文字通り本能をつかさどる部分です。

2層目は大脳辺縁系で、「感情」の部分。好きとか嫌いとか、嬉しいとか、気持ちいいとか、喜怒哀楽を中心として、快・不快を感じる部分です。

そして3層目が大脳皮質（大脳新皮質）です。一番外側にあり「理性」「理屈」「抽象思考」をつかさどる部分です。そのためこの3層目は「理性脳」や「思考脳」、時に「人間脳」などとも呼ばれたりもします。

人間の脳は3層目の大脳皮質が非常に発達しているため、物事を理屈で考えることが得意だといわれています。そのため、大人である私たちは、感情をそのまま口にせず、理屈で正当化します。

なぜこのような話をしているかというと、理屈は第3層の部分にのみアプローチできる代物であり、それとは別に感情や情動をつかさどる第2層の部分へのアプローチ

ポール・マクリーン　脳の３層構造仮説

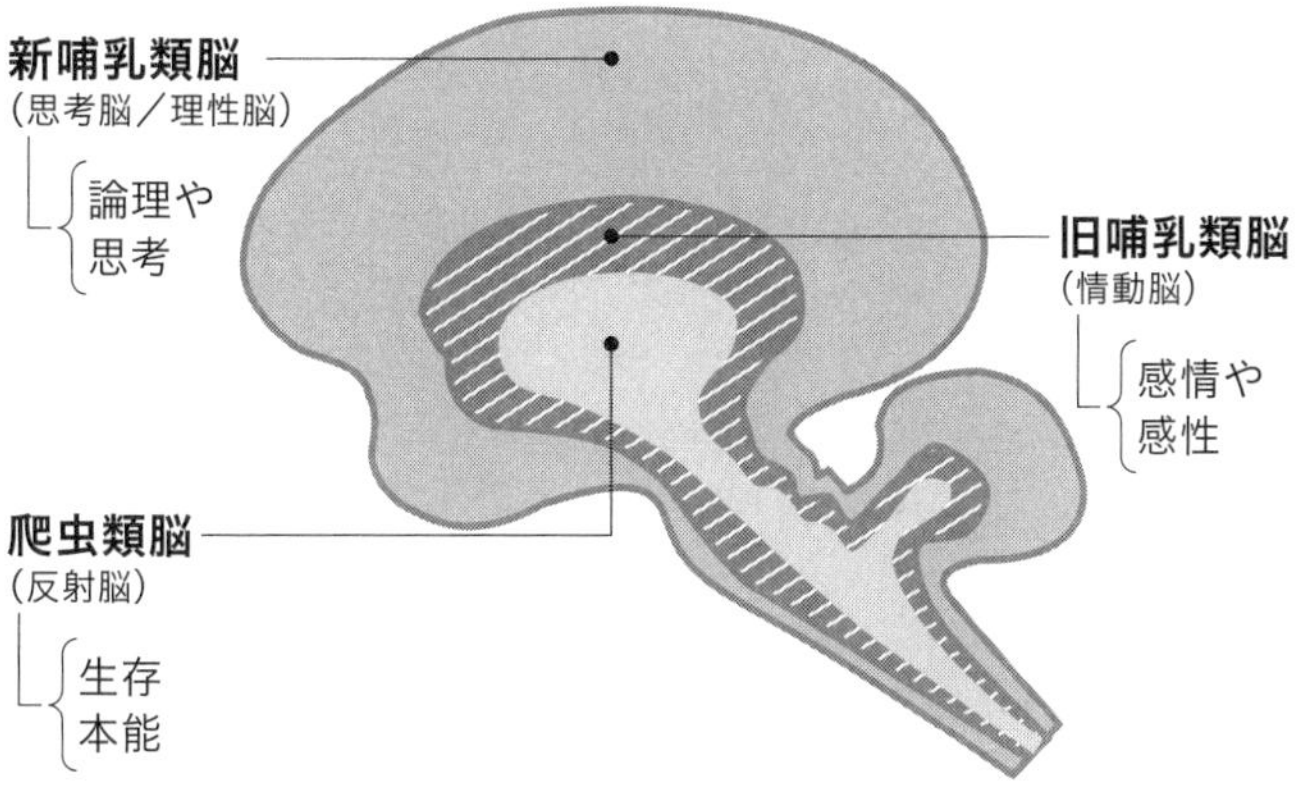

をしなければ、依然として相手の脳は納得しない仕組みになっていることを示してくれるからです。

ビジネスでも、提案や主張が拒絶、却下される際、その理由として「時期尚早」「前例がない」などが挙げられたりしますが、実はそれらは表向きの理由であって、根底には相手の「やりたくない」という思いや感情が隠れていたりします。

それに気づかないでいると、相手から示された拒絶理由を論理的に潰していきさえすれば、自分の提案や主張が通るのではないかと勘違いしてしまいます。

大事なのは、論理の部分はもちろん、相手の感情や心理的な反応をしっかりと押さえたうえでの提案や主張を行うことです。

相手が感情的な拒否感、嫌悪感を持っていても、それに気づかなければ、どれだけ論理的に相手を説得しても、決して「ＹＥＳ」と言ってもらえることはありません。どんなに正論や理屈を相手に押し付けたとしても、感情的な部分で納得してもらえないと、話し合いがまとまることはないのです。

感情は理屈や論理よりも強く作用します。3層からなる脳の、より芯に近い感情のほうが強い力を持っています。そのため、**人は究極的には「良い・悪い」ではなく「快・不快」で物事を決めてしまう**とも言えます。

感情は喜怒哀楽、快・不快だけではありません。価値観や使命感、情熱や心情といった信念も含まれてきますので、あらゆる相手の感情に敏感になる必要があります。さらに、状況やそのときどきの人間関係によっても複雑に変化します。

理屈や論理だけに意識が行っていると、その相手の感情に気づけなかったり、おろそかにしたりしがちです。ですが、感情は無視できないとても大事なものなのです。

「勝ち・負け」思考をやめる

そもそもマウントを取ろうとしない

建設的な話し合いをするためには、「マウントを取ろうとしない」という心がけが大切です。

異なる意見や主張があると、どうしても自分の正しさをアピールしたくなるもの。

例えば、「どのような新規事業を打ち出すか」という議論をしていたとします。

この場面で、「自分の案を採用してほしい」というプレゼンをする際、ほかの案の欠点やリスクを強調する一方、自分の案の優れていると思われる点をクローズアップし、「自分のほうが優秀だ」というアピールをしてしまうことがあります。そして、自分の案が採用されれば「勝った」、採用されなかったら「負けた」と落ち込んでしまいます。

「自分の案が採用された＝勝ち」「相手は採用されなかった＝負け」という具合に、「勝った・負けた」で考えてしまう人は多くいらっしゃるかと思います。

しかし、この認識自体、間違いです。議論や精査を経た結果、どちらかの案が採用されただけの話にすぎません。または、両案の良い部分を組み合わせたものになることもあるでしょう。どちらにせよ、この「勝った・負けた」という思考を一旦脇に置くことが大切です。

自分の意見や持論を無理にでも通そうとするのは、「勝ち・負け」思考の地続きにあり、結果として相手を論破しようという方向に向かってしまいます。

どちらが勝つか負けるか、どちらのほうが「議論に強いか」などを競っても、より良いものは生まれません。しのぎを削り合う中で、勝ち負けを超えた成果を生み出したいもの。そのためには、最初から勝ち負けで考えない、マウントを取ろうとしないというスタンスが大切なのです。

ヒートアップしている自分に気づこう

とはいえ、議論や対立の場では、つい意地になって自分の意見にこだわったり、感情的になったりしがちです。

もちろん、自分の主張を通したい気持ちや、「ここで折れると自分の案が採用されない」という不安は誰もが抱く自然な感情です。熱い思いを持っているからこそ、なんとか相手に理解してもらいたいし、納得させたいと考えます。本気であればあるほど、気持ちは熱くなるものです。

しかし、**「熱くなる」のと「感情的になる」のはまったく別のこと**です。

交渉学の世界でも、議論や交渉の場で感情的になることは、最も避けるべき行為のひとつとされています。

実際、感情的になればなるほど、議論や交渉がうまくいく可能性は低くなります。感情的になると、相手はその状態をすぐに見抜きます。見抜くまではいかないとしても、「イライラしているな」「焦っているな」「痛いところを突かれたのだな」と簡単にわかってしまうものです。

そうなると、周囲の人の気持ちはあなたから離れてしまい、結果として、あなたの実現したい結果は遠のいてしまいます。


感情的になることには、ほかにも多くのデメリットがあります。

中でも深刻なのは、本来の目的を見失ってしまうことです。

例えば、「会社の売上を上げる」という目的のために新しい施策を議論していたはずが、「目の前の同僚に勝ちたい」「負けたくない」という、本来の目的とは別のところで言い争いになってしまうシーンを見かけたことはないでしょうか。

「本来の目的を見失った議論」は、冷静さを失ったときや、感情的になったときに起こりがちです。議論や対話を通じてより良い結果や成果を得るためには、平静を保つことが重要です。「ヒートアップしない」あるいは「ヒートアップしている自分に気づく」ことが大切です。話し合いが終わってから、「あのときはヒートアップしてごめんね」では、もはや遅いのです。

「そうはいっても、それが意外と難しいんだよ」
「わかるけど、相手が意地悪な言い方をしたり、自分の考えをディスってきたら、やっぱりイラッとしちゃうでしょ」

そう思う方もいるかもしれません。それでも、同じです。たとえ相手が論破しようとしてきたり、挑発的な態度を取ってきたとしても、冷静さを失わないことが大切です。

議論や対話で「感情的にならない」コツ

感情的にならないための工夫をここでいくつか紹介しましょう。

▼会話のテンポやスピードを少しゆっくりにする

人の心理というのは面白いもので、感情的になると会話のテンポやスピードは速くなってしまうことが多いです。これを逆に利用します。

感情的にならないために、会話のテンポやスピードをほんの少しゆっくりにします。相槌や相手の言葉を言い直してみるオウム返しを活用して、話すスピードを意識的に遅くしてみましょう。例えば、

相手：「この間〇〇だったんですよ！」
自分：「(ゆっくり頷きながら) うん……そんなことがあったんですね」

このような会話の仕方をすることで、テンションを上げず、冷静さを保ちやすくなります。話すスピードが普段より速く感じられるときは、感情的になり始めているサインです。

▼低めの声で話す

人はイライラすると、声がうわずったり高くなったりしがちです。また、声が大きくなることもあり、感情が高ぶると大きい声で怒鳴ってしまうこともあります。
こうした変化は自分自身だけでなく、話し合いの場全体にも影響を与えます。相手

もつられて感情が高まり、場の空気がヒートアップしてしまうのです。

そのような状況を防ぐために意識したいのが「**低く、小さめな声で話す**」ことです。低い声で静かに話すことで、その場の雰囲気を落ち着いた状態にすることができます。

そのような落ち着いた話し方は、相手に冷静さを印象づけ、安心感や信頼感を生み出します。その結果、言葉の説得力が増し、冷静な話し合いがしやすくなります。

また、ゆっくりと低めの声で話すと、自然と呼吸は深くゆっくりしたものになり、自律神経のひとつである副交感神経が優位になり、平静を保ちやすくなる効果も期待できます。

とはいえ、常時ゆっくり話しすぎると、議論や対話のテンポが悪くなり、かえって相手をイライラさせる可能性があります。相手の様子に注意を払いつつ、ここぞというときに取り入れるようにしてください。特に話す量が多くなる際などは、極端にゆっくり話し続けるのは避けるのが賢明です。

▼マイルールを決めておく

自分がどういうシチュエーションや状況で、相手に対してイライラしやすいかを把握しておくことも大事です。そのうえで、マイルールを決めておくのがいいでしょう。

例えば、

◆ネガティブな意見は言わない
◆イライラしてもいいけど、怒らない
◆怒りそうになったら、一度その場を離れる

など。事前に「○○になったらAをする」といったことを心に決めておくだけで、そのシチュエーションになったときの対応が変わります。例えば、これまで相手の意見にちょっとネガティブなことを言いがちな人が、「ネガティブな意見は言わない」と心に決めておくだけで、ちゃんと言葉にストップがかかります。

こうした工夫を取り入れることで、冷静で建設的な話し合いを保ち続けることができるはずです。

「関係性を作る」ことを意識する

ダニエル・キムの「組織の成功循環モデル」

この章の最後にご紹介する大事な基本スタンスとして、短期的なスキルではなく、中長期的な考え方をご紹介します。

それは「**『関係の質』を上げる**」ことです。

「関係の質」というのはマサチューセッツ工科大学の教授ダニエル・キム氏が提唱した「組織の成功循環モデル」というフレームワークに出てくる言葉です。

「組織の成功循環モデル」は、

◆関係の質
◆思考の質
◆行動の質
◆結果の質

これら4つがどのようなサイクルで回るかによって、組織のパフォーマンスが大きく変わるとされています。

キム氏によると、組織には「グッドサイクル（好循環）」と「バッドサイクル（悪循環）」があると指摘しています。

グッドサイクルは「関係の質→思考の質→行動の質→結果の質→関係の質……」という順番で回り、それらの質が向上し、成功につながるといいます。

一方で、バッドサイクルは「結果の質→関係の質→思考の質→行動の質→結果の質……」の順番で回るもので、これは避けるべきものとされています。

これは組織のパフォーマンスや企業の売上・利益を上げるためのフレームワークとして非常に有効なのですが、それだけではなく、話をまとめたり合意形成を図ったり

組織の成功循環モデル

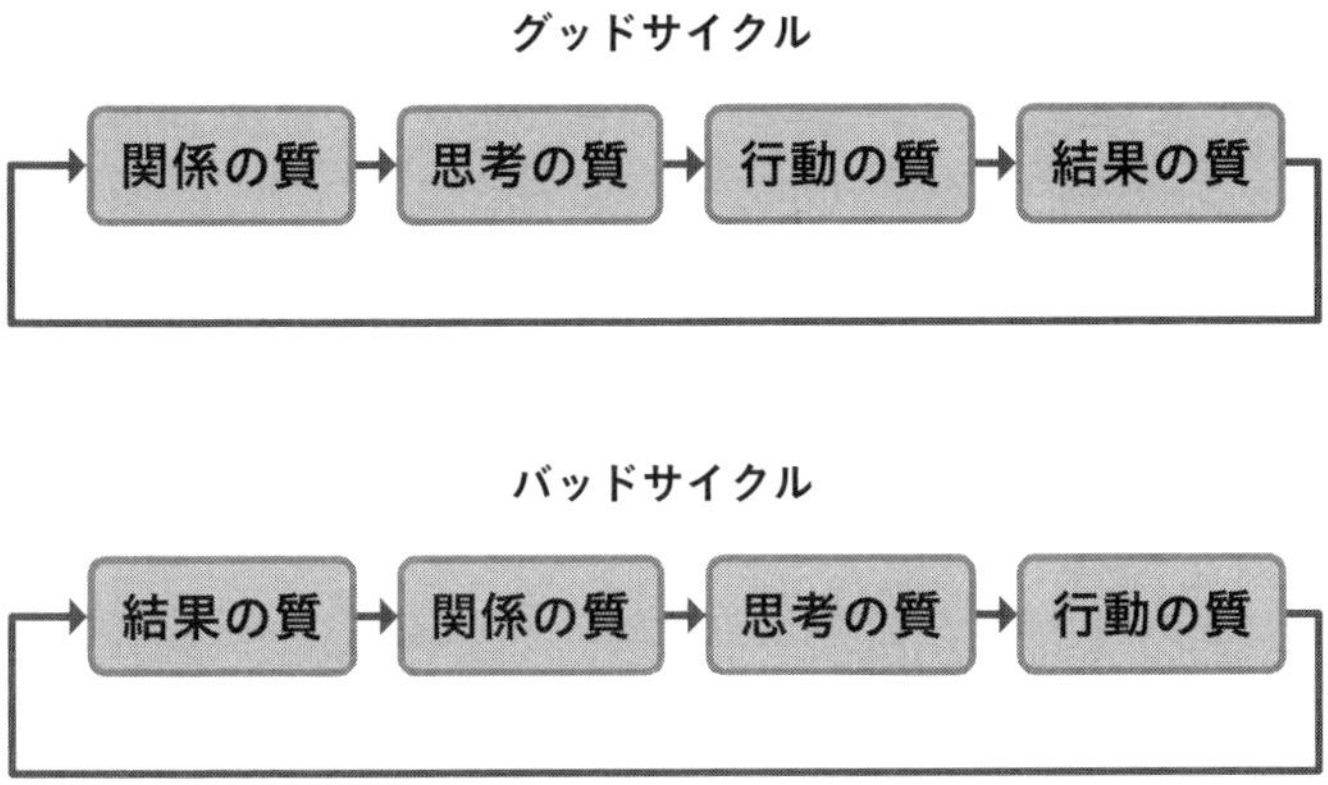

する際にも大切な考え方です。

コミュニケーションにおいても、グッドサイクルを意識できれば、健全な人間関係のもと、建設的な意見交換や話し合いができます。

しかし、バッドサイクルのコミュニケーションに陥ってしまうと、どれだけ様々なノウハウを駆使しようとしても良い結果にはたどり着けません。

それなのに、私たちは往々にして「結果の質」を上げることから始めがちです。

そうするとどうなるのか、次の例を見てみましょう。

【バッドサイクルのコミュニケーション】

1 自分の求める成果物を出せない部下にダメ出しをする（結果の質を求める）

←

2 上司と部下の関係がギクシャクする（関係の質の低下）

←

3 上司は「自分を怒らせるのは、良い提案を出してこない部下のせいだ」と考え、部下は「どんな提案にもダメ出しをする、理解力のない上司だ」と、互いに相手の悪い面に意識が向くようになる（思考の質の低下）

←

4 次第に上司から部下へのあたりが強くなったり、扱いが冷たくなったりし、部下は仕事への熱意を失い、前向きに行動しなくなる（行動の質の低下）

←

5 結果として、上司が求める成果物は一向に得られず、組織のパフォーマンスが低下する（結果の質の低下）

このように、「結果の質」を求めることから始まるコミュニケーションはバッドサイクルを生み出し、結果を求めているのに、結果を出すことができなくなるというジレンマを引き起こしてしまいます。

しかし、「関係の質」を上げることからスタートすると、それが逆の結果になります。

【グッドサイクルのコミュニケーション】

1 いきなり自分の提案や主張を通そうとする（＝結果を求める）のではなく、まずは相手との良好な関係性を築くことから始める（関係の質を高める）

←

2 すると、チームの雰囲気が良くなり、仕事自体が楽しくなってゆき、「互いのために頑張ろう」という意識が働くようになる（思考の質の向上）

←

3 すると、それぞれが積極的に考えたり、ポジティブな提案をするようになる（行動の質の向上）

←

4 その結果、さらに良い提案が生まれ、組織内の信頼関係がますます深まる（結果の質の向上）

このように、「関係の質」から高めるとグッドサイクルが生まれます。

重要なのは、**結果を求める場合であっても、決して「結果の質」からではなく、必ず「関係の質」を向上させることから始める**という点です。

グッドサイクルのコミュニケーションを意識すれば、よい結果や結論につながっていきます。

だからこそ、「関係の質」を上げていくことが大切なのです。

「関係の質」を上げる方法①
相手を未来の「協力者」と認識する

相手を「協力者」と捉え、まず自分から信頼する

関係性の質を上げるためにはどのようにすればいいでしょうか。

それはずばり、相手との間に信頼関係を築くことです。

信頼関係を作ることで、相手はあなたの言葉や考えに対して、聴く耳を持ちます。「この人の話はちゃんと聴こう」「あなたの話は聴くに値する」という信頼し合える関係を作ることが大切です。

例えば、何か商品を買うときに、「せっかく買うならあの店員さんがいるお店で買

いたい」「この人の提案なら信じてお金を払える」と思ったことはないでしょうか。買い物だけでなく、同じ話を聴くにしても、誰が言うかで受け取り方が変わったりしますよね。

「せっかく保険に入るのなら、あの人に相談して決めたい」
「尊敬する先輩の話だから、その通りにやってみよう」

こう感じるのは、相手を「信頼できる」と認識しているからではないでしょうか。

では、そのためにはどうすればいいのでしょう。
丁寧に挨拶をする、コミュニケーションを繰り返し取って関係値を深める、親身になって話を聴く、細やかな気配りをする……など様々なものがあります。

しかし、**より効果的で、もっとシンプルに信頼関係を高め、「関係の質」を上げる本質的な方法**があります。

それは、**相手は自分の「協力者」なのだ、「これから協力者になる人なのだ」という意識を持ってコミュニケーションをしていく**ことです。

つまり、何も関係性がない状態でも、先に相手を信頼して関わるということ。

通常は、「かつて何かを成し遂げた」「約束を破ったことはない」、「だから信頼する」というふうに、過去の実績が信頼関係を生み出す構造になっています。

「あの人は、いつだって自分に良くしてくれた」

「これまで私に嘘をついたことなんて一度もなかった」

このような何かしらの関わりがあって、信頼が生まれるというのは、誰もが知るところでしょう。

けれども、それだけではなく、相手のことがわからない状態であっても、**相手を「協力者」として自分から先に信頼をする**のです。

その前提でコミュニケーションを取っていくと、自然と相手との信頼関係が生まれてきます。

自分から先に相手を信頼することで、「**返報性の原理**」が働きます。

返報性の原理とは、相手から何かをしてもらったときに、「自分も何かを返さなければいけない」と感じる心理のこと。プレゼントをもらったときに、「何かお返しをしなくちゃ」と考えるのも、この返報性の働きによるものです。

自分から相手を信頼してコミュニケーションを取ることで、相手も信頼を返してくれるようになります。そうなれば、お互いが相手の協力者となって、物事はスムーズに進んでいきます。

私も弁護士として交渉や協議に臨む場合、相手と対立する状況の中でも、どうにかして協力者にできないものかと模索し、緊張した中でも信頼関係を構築するようにしています。

そうすることで、互いが納得できる和解や合意を見出すことができ、後日、その約束が破られることのない状況を生み出すことができるのです。

「関係の質」を上げる方法②
「誠実性と一貫性」を持って人と関わる

「誠実さ」は武器になる

信頼関係を築くうえで大切なものとして、次にお伝えしたいのが**「誠実性」**と**「一貫性」**です。

話し合いの相手が次のような人であったとき、あなたは信頼できるでしょうか？

◆話す相手によって態度や言うことが異なる
◆昨日言っていたことと、今日言っていることが違う
◆味方のポジションにいたのに、劣勢になったと思ったら裏切る

◆ときどき嘘をつく
◆「秘密」とお願いしていたことを他者に話す

いかがでしょうか。こんな相手は信頼できないと、きっと思われたはずです。

信頼関係を築くために挨拶をしよう、密にコミュニケーションを取ろう、といったところで、これらの「誠実性と一貫性」が土台になければまったく機能しません。

私がいる法曹の世界でも、この「誠実性と一貫性」は必須の基盤です。

たとえ知らない相手であろうと、自分にとって苦手な人であろうと、法とルールに基づきフェアかつ誠実に対応することが求められます。

これは依頼者に対してだけでなく、対立する相手に対しても同様です。

この姿勢を貫くことで、相手から信頼を寄せてもらえるようになります。

もしもあなたが苦手な相手と向き合わなければならない場合でも、この「誠実性と一貫性」だけは欠かすことなく接するようにしましょう。

そうすることで、関係性の質は変わってきますし、ぶつかり合っていた相手との関係も少しずつ角が取れ、話をまとめやすく、前に進められるようになります。

相手を敵として認識しない

先にも述べた通り、話をうまくまとめるためには、「協力者」になってもらうのが一番です。

例えていうなら、真っ暗な洞窟の中を、2人がてんでバラバラに出口を探そうとするのと、2人が一緒にライトを照らしながら出口を探すのとの違いのようなもの。

後者のように互いが協力者になって一緒にゴールを探す。これこそが話がまとまるための確実な道のりです。

「こっちじゃない?」「あっちかも」と言いながら、互いにライトで暗闇を照らしながら、出口に向かって進んでいく。

1人より2人のほうが多くの場所を照らせるため、早く適切な出口にたどり着くことができるはずです。

つまりは、話し合いをするうえで大事なのは、「相手を敵として認識しない」ことです。

「お前、右ばっかり照らしてんじゃないよ」「そっちこそ左ばっかりじゃないか」とやりあってたら、洞窟からなかなか出ることはできません。

そうではなく、もし相手が右ばかりを照らしていると感じたなら、「左はどんな感じ?」とか「もう少し上を照らしてもらえる?」と声をかけて提案すればいいのです。

そうやって対話を重ねることで、お互いが共通の目的を認識し、それぞれの知恵を出し合う。これこそが建設的な話し合いであり、納得のいくゴールにたどり着く一番の方法なのです。

私自身、弁護士としての業務においても、相談者を疑ったりせずに、協力者としてお互いがゴールにたどり着けるように対話をしていきます。

そこで何か自分なりの答え(こうしたほうがいいという考え)が浮かんだときには、お互いに納得できるよう話し合うことが大事になります。

つまり、「自分の考えこそが正解」とするのではなく、相手と協力をしてよりよい選択はないのか、新しい考えやほかにより良いゴールはないのか、と探していくことが大切なのです。

「関係の質」を上げる方法③
リスペクトを持って人と関わる

相手のプライドを傷つけたら、話は絶対にまとまらない

関係性の質を上げるために、もうひとつ大事にしたいのが「相手にリスペクトの気持ちを持って関わる」ということです。

例えば、企業内では部署や部門間で対立が生じることがあります。制作会社であれば営業と制作、システム開発会社では営業とエンジニア、ほかにも新規事業部門と管理部門といった具合です。私も日頃、様々な企業の経営者と話す中で、他部署や他部門との意見の対立は珍しいことではないと感じています。

企業組織というのは、個人の能力がどれほど優れていても、周囲の協力がなければ

成果を上げることは難しいものです。そのため、組織としての協力や連携が求められます。

しかし、日本の企業では縦割り型の組織形態が多く、他部署や他部門とのコミュニケーションが必要最低限にとどまりがちです。また、それぞれの部門の利益を優先する傾向から、他部署や他部門への関与や協力が希薄になるケースも見受けられます。

もちろん、それぞれの部署や部門には事情や言い分があります。

例えば、クライアントの声を聴く営業部門と、クリエイティブや制作を担当する人たちの間で考え方の違いが生じるのは、ある意味で当然です。話し合いが難航し、時には「ふざけるな」と言いたくなるような要求をされることもあるでしょう。

そのようなとき、絶対に避けなければならないことがひとつあります。

それは、**相手の仕事や立場、役割を軽んじること**です。

例えば、次のような発言です。

「営業なのに仕事を取れなくてどうすんだよ」

「このくらいの制作工数でできて当然でしょ」
「新規事業部門は利益も出さず楽しそうにやっているけど、誰のおかげで食えてるんだよ」

こんな具合に、相手の専門分野にまでわかったふりをして口を出すと、不快に感じたり、人によっては怒りすら買ってしまうことがあります。

人は誰しもが「プライド」を持っています。自尊心を持ち、自分は価値ある存在だと思いたいし、人からも思われたい、大切に扱われたいと思っています。

そのプライドを傷つけたり、リスペクトを欠いた言動は避けなければなりません。

ようするに、相手へのリスペクトを持ってコミュニケーションを取る必要がある、という至極当たり前の話です。当たり前なのですが、ときどき、相手の仕事や労力に対してリスペクトを欠く言動をされる方がいて、そのたびに「無駄な対立を生んでしまっているなぁ」と感じます。

これは弁護士の世界でもあることで、ときどき、相手の弁護士に対して「お前はガキの使いなのか」や「いくらで雇われているのか知らないけど、そんなことを代弁して自分の家族に恥ずかしくないのか」といった言葉を投げつける人がいます。そんな言葉を投げつけてくる人とは合意を築こうという気持ちになりづらいですよね。

ですから、相手のプライドを傷つけたり、相手にネガティブな感情を抱かせたりする言動がないように注意しましょう。

また、**「相手を怒らせる」というのも、建設的な話し合いをして話をまとめるためにはNGです。怒らせてしまったら最後、関係性の質を上げたり、協力者にしたりするどころではなくなります。**

相手は決してあなたの意見に賛成や同意をしてくれなくなるでしょう。

意見が違っても、部署や部門が違っても、事情も含めてちゃんと耳を傾け、リスペクトを持ってコミュニケーションを取ることが大切なのです。

第3章

話がまとまる「聴く」スキル

「聴く」ことから、すべてが始まる

話がまとまる「聴く」という魔法

「聴くだけでうまくいくなら、誰も苦労しないよ」

そう思う方もいるかもしれません。もしそのように感じるとしたら、「聴く」ことのパワーを低く見積もっているか、あるいは「聴いているつもり」になっているだけで、実際には十分に「聴けていない」のかもしれません。

そもそも、ほとんどの人は「建設的な対話や議論を通して良い結論を導き出したい」「うまく話をまとめたい」と考えているはずですよね。わざわざ「揉めたい」と思っている人はいないと思います。

ではなぜ、意見の対立を発端にして、「ののしりあい」「否定し合うだけの、ただの主張のぶつけ合い」といった論破合戦が頻繁《ひんぱん》に起きてしまうのでしょうか？

それは「聴く」ができていないことによって起こる、信頼関係の欠如が原因です。

相手と良い関係ができていないときは、多くの場合、日常的なコミュニケーションや議論の際のコミュニケーションにおいて、どちらも「聴く」ができておらず、自分の意見や考えを押し付けるばかりになってしまっているのです。

この**「聴く」ことこそが、前章でお伝えした「関係性の質」を上げ、信頼関係を作る一番シンプルかつ効果的な方法**になります。

私が「聞く」ではなく、あえて「聴く」という漢字を使っているのには理由があります。

「聞く」が自然に耳に入ってくる受動的な行為を指すのに対して、「聴く」は、積極的に耳を傾ける、いわゆる「アクティブリスニング」を意味します。

これは単に「聞く」のではなく、目と耳、そして心を使って積極的に「聴く」ことが求められます。この「聴く」という行為は、一見簡単なように見えて、実は非常に難しいといえます。

「聴く」は、コミュニケーションにおける大切な要素であり、信頼関係を築くうえで欠かせません。にもかかわらず、これまで軽視されてきたように感じます。


私自身も弁護士として仕事をする際には、まず依頼者の話を「聴く」ことから始めます。依頼者が置かれている状況や相談内容、そこにある問題や課題、そしてどのような解決を望んでいるのか——これらを理解しなければ、依頼者が望む解決を提供することはできません。

そのためには「聴く」ことが不可欠です。

さらに、相手の話を積極的に「聴く」ことで、相手に「自分は味方である」と感じてもらうことができ、そこから信頼関係は生まれてきます。

納得のいく結論が出ないのは、もしかすると「聴く」ことが十分にできていないからかもしれません。まずは、「聴く」という行為を見直してみましょう。

「聴く」が相手の承認欲求を満たす

なぜ「聴く」ことで信頼関係が生まれ、良好な関係を築けるのでしょうか。

これには「承認欲求」という根源的な欲求が関係しています。承認欲求とは、「他人から認められたい」「自分自身を価値のある存在だと感じたい」という欲求のことで、「尊敬・自尊の欲求」とも呼ばれます。有名なマズローの欲求5段階説では、この承認欲求は自己実現の欲求に次ぐ高い階層に置かれています。

この承認欲求を満たす方法はいくつかあります。例えば、周囲から称賛されたり褒められたりすることが挙げられますが、その中でも最もシンプルで効果的な方法が、「自分の話を聴いてもらえること」です。

誰もが「自分の話を聴いてほしい」と願っています。そして、自分の話を聴いてくれるだけで、その人に対して好感や信頼感を抱くようになります。これは、自分が他者から承認されていると感じるからです。

「聴く」ことによって生まれる関係性の変化は次のようになります。

「あの人は自分の話を聴いてくれる」（承認欲求が満たされる）

↓

「あの人は自分のことをわかってくれる」（信頼関係が生まれる）

↓

「そんなあの人と一緒に取り組んでみたい」（協力関係が生まれる）

これはすごく単純化したモデルですが、実際に「聴く」がうまく働くと、おおよそこのような流れになります。

多くの人は、自分の主張をどう伝えるか、何から話し始めるかを考えがちです。

でも、そこから始めてしまうと、たいていの場合うまくいきません。相手との関係

マズローの欲求５段階説

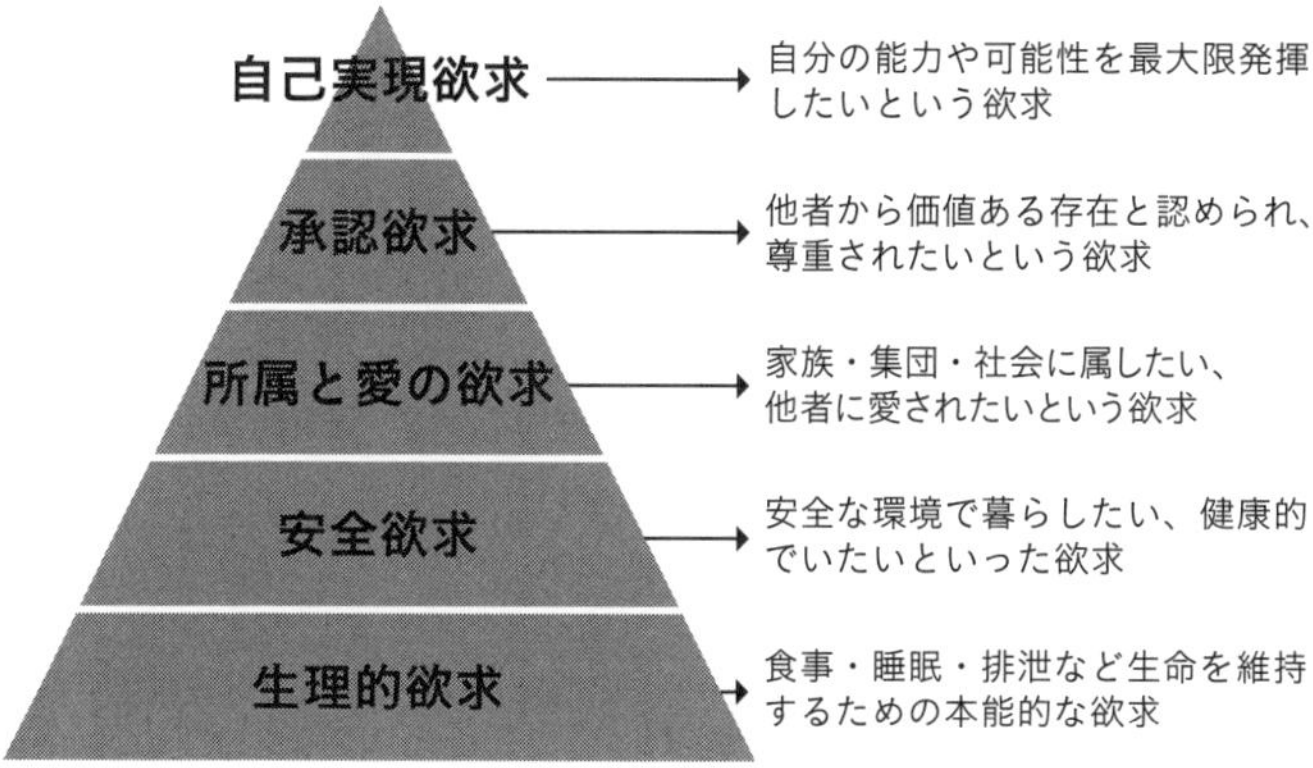

を良好にし、うまく話をまとめたいのであれば、自分の主張を強調したりロジックを練ったりする前に、まずは「聴く」ことが重要です。

この**「聴く」という行為は、「関係の質」を向上させ、話をまとめるためのファーストステップ**です。相手の状況や思いをしっかり「聴く」ことで、信頼関係を築くことができるのです。

話を遮らないで聴く技術

大事なのは「否定しない聴き方」

話を聴く際に大事になるのが、「途中で相手の話を遮らない」ことです。

相手が話している途中で、「そうじゃなくて……」や「それはわかりますが……」と割り込む人をときどき見かけます。

確かに相手の意見や主張に間違いや矛盾を見つけると、つい口を挟みたくなるもの。皆さんにも、そんな経験があるのではないでしょうか。


実は、人間の「聴く速度」は「話す速度」よりも速いと言われています。そのため、私たちは話を最後まで聴かなくても相手が何を言いたいのか見当がついてしまい、つい相手の話の先回りをしがちです。

結果として、相手が話している最中に「次はどう返答しようか」「次にどんな質問をしようか」と考えたり、「またこの人は文句を言っているな」などと内心でつぶやいてしまい、それが態度や表情に出てしまいます。そして、ついには黙っていられなくなり、相手の話を遮って質問や意見を挟んでしまうのです。

これでは自分では「ちゃんと聴いているつもり」でも、相手からすると「ちゃんと聴いてもらえていない」と感じてしまいます。

よくやってしまいがちなのが、「はい、はい、そうですね。ですけどね……」と自分の話を始めてしまうケースです。このような行為は、話を遮るだけでなく、相手に「人の考えを大切に扱わない人なんだ」と感じさせ、不快感を与える原因となります。

話をかぶせたり遮ったりする行為は、相手に大きなストレスを与えます。

前章でもお伝えしましたが、それは相手を否定することにもつながり、「やってはいけないコミュニケーション」のひとつです。たとえ異論や反論があったとしても、それらは一旦脇に置いて、まずは相手の話を「聴く」ことに集中することが大切です。どんなに言いたいことがあっても、相手の話を途中で遮ることのリスクを忘れてはいけません。

相手に「気持ちよく話させる」ことが鍵になる

できる営業マンには、聴き上手な方が多いです。

例えば、すでに知っている話であっても、「それは知っています」とか「○○のことですね！」などと言って話を遮ったり、話をかぶせたりすることはありません。

それどころか、あえて知らないふりをして、「え、そうなんですね！」「それ、詳しく教えてください！」のように話の続きを促し、興味があることをしっかり態度で示します。

すると相手は「この人は自分の話をちゃんと聴いてくれる」と感じ、承認欲求が満たされて喜んで話を続けて、関係性も良好になっていくでしょう。

相手に気持ちよく話してもらえるよう、「聴く」ことは非常に重要です。

「もっと詳しく教えてください」

「○○とはどういうことですか?」

と興味を示し、もっと教えてほしいという姿勢を見せることで、相手は自分の胸の内を自然に話してくれるようになります。自分の関心がいまいち向かない話題であっても、興味ないなと決めてかからず、「なるほど、そうなんですね。それで?」と話の続きを促してみてください。話は必ず発展していきます。


そもそも、あなたがコミュニケーションの中で嬉しいと感じる瞬間はどのようなときでしょうか。あるいは、あなたが相手に対して「この人は自分の味方だ」と感じるのはどんなときでしょうか。

それは「自分のことをわかってくれた!」と感じた瞬間ではないでしょうか。

人が話すという行為の背景には、「自分の状況を理解してほしい」「考えや気持ちをわかってほしい」という思いが込められています。その思いを相手が理解しようと努め、実際に「わかってくれた」と感じたとき、あなたは相手に対して、それが一瞬のことであったとしても、良い感情を覚えることでしょう。

とはいえ、「わかります」の使い方には要注意です。

例えば、あなたが誰かに相談したときに、相手が軽い口調で「うんうん、わかる、わかる」と返してきたらどう感じるでしょうか。あまり心地よくは感じられず、むしろ「ほんとにわかってるのかな」「なんだか話しにくいな」と思うかもしれません。

一方で、次のように聴いてもらえたらどうでしょう。

「（深く頷きながら、ゆっくりと）すごくわかります。……もし私が同じ立場だったら……本当にそう思います」

いかがでしょうか。きっと「話しやすいな」「この人はわかってくれる人だな」と感じるのではないでしょうか。

本当に相手を理解しようと努め、その結果として生まれる「わかります」こそが、相手に伝わる「わかります」なのです。適当に「わかります」と繰り返すだけでは、相手はきっとあなたに不信感を抱いてしまうでしょう。

相手の話をしっかり受け止め、理解しようと努め、共感を示すこと。そのときあなたの「聞く」は「聴く」となり、相手との信頼関係と協力関係を築く第一歩となるのです。

「聴く」は受動的な行為ではない

「聴く」というと、受動的で受け身のように思われがちですが、「アクティブリスニング」というように、実際には話すことと同じくらい能動的で、多くのメッセージを発しています。積極的に「聴く」モードになっていると、無意識のうちにその気持ちが表情や行動に表れ、相手に多くのメッセージを伝えているのです。

例えば、しっかりと聴いているときは、自然と一生懸命に頷いたり、体を前のめりにしたり、「なるほど」といった言葉を発したりします。これらの無意識の行動は、相手に「ちゃんとあなたの話を聴いていますす」というメッセージを伝えているのです。

コミュニケーション技術の本には、聴く際のテクニックとして、相手のペースに合わせる「ページング」や、相手の言葉を繰り返す「オウム返し」などが紹介されています。しかし、相手に興味を持って真剣に聴いていれば、これらのテクニックは自然とできるようになるものです。

一方で、相手の話に興味を持っていない場合や聴く気がないときは、その気持ちが表情や仕草に表れ、それも相手に伝わってしまいます。

例えば、相手にきちんと体を向けていなかったり、まったくアイコンタクトを取らなかったり、スマートフォンをいじっていたり、「はい、はい」とやけに相槌が多かったりする場合です。これでは、本当に話を聴いてくれているのか、相手は不安になりますよね。

実は、私自身、思いがけないことでクライアントに怒られた経験があります。

コーチングを学ぶ前のことですが、無理難題な要求をしてくるクライアントがいました。どう頑張っても、その方の希望に添った方針を取ることはできない内容でしたが、とにかく、その人はご自身の主張を曲げない。その話を私は電話口で聴いていました。すると突然、

「今、ため息をつきましたよね？　そんな気持ちで仕事をしているんですか⁉」

と怒られました。私は一生懸命に話を聴き、説明し、ゆっくり呼吸をしたつもりだったのですが、それがため息と感じられてしまったようなのです。

「どうすればわかってもらえるのだろう」と真剣に考える一方で、「いつまでこのやり取りが続くのだろう」という思いも頭をよぎっていたのだと思います。その内心が「ため息」として相手に伝わってしまったのでしょう。

このエピソードからもわかる通り、「積極的に聴く」というのは案外難しいものです。

意識して行わないと、無意識のうちに自分の内面が表に出てしまいます。

相手はこちらが思っている以上に、そのメッセージを敏感に受け取っています。このことを常に意識し、相手との関係をより良いものにしていきたいですね。

相手の話にうまく割って入る技術

割って入っても、相手に不快感を与えない方法

これまでお伝えした通り、人の話を遮ることとは、原則として避けるべきです。しかし、相手の話が延々と続いたり、同じことを繰り返すばかりで一向に話が進まない場合は、一度話を止めることも必要になるときがあります。

そのようなときは、どのように話を止めるのが適切なのでしょうか。ぶしつけに「ちょっと待ってください」などと言って安易に会話を中断させれば、相手に不快感を与えてしまうことはすでにお伝えした通りです。

話に割って入るにはコツがあります。

それは、相手の話を丁寧に聴きながら、相手の呼吸や話のリズム、ペースをつかみ、自然なタイミングで口を挟むことです。

大切なのは、常に「あなたの話を理解したい」という気持ちを抱きながら聴くこと。

そして、「正しく理解するための時間がほしい」という意図で「ちょっと待ってください」と伝えることです。例えば、

「ここは大事なところなので、いったん整理させてください」

という言い方をして、話を止めるのです。こうすれば、「相手の話を正確に理解するために一度話を止めている」という姿勢を示せます。単に自分が話したいから遮っているのではないことが相手に伝わります。

これならば、相手を不快にさせずにいったん間をとることができます。そして、ここまでの話を整理し、要点を確認することで、相手には「この人はちゃんと話を理解しようとしてくれている」と感じてもらえるでしょう。

そして、次のように話を続けてみます。

「○○さんがおっしゃりたいのは、こういうことでよろしいでしょうか？」
「あぁ、なるほど。○○さんはそこに納得がいかないということなのですね」

このような確認をすることで、それが正しければ、「そうそう！ そうなんです」と、相手は「自分の話をちゃんと聴いてもらえた」と安心感を覚えます。また、もし理解が間違っていたとしても、相手は改めて説明してくれます。すでに自分の話をちゃんと聴いてくれていることは伝わっていますから、嫌な顔をされることもありません。

こうした「確認」と「理解」を繰り返すことで、相手の話がとめどなく続く状況を解消しつつ、今後の対話でも考えのずれが少なくなってゆき、話し合いが前に進んでいくことを期待できるでしょう。

逆に、「話すスピードが速すぎます」とか「ちょっと言っていることがわかりません」といった言葉は、相手を非難するように聴こえるので避けましょう。

まして、自分が話し始めて相手を黙らせようとするのは絶対にNG。相手はカチンとくるだけです。

仮に相手に非があると感じても、それを直接指摘するのではなく、自分を主語にして伝えることがポイントです。例えば、

「私の理解が追いついていないので……」

「私が聴き逃してしまったかもしれないので……」

このように伝えることで、相手は自分が責められているとは感じずに、「この人はちゃんと理解しようとしてくれている」と思って、あなたに配慮しながら話を進めるようになるでしょう。

細かい話ではありますが、こういう丁寧なコミュニケーションが「関係の質」を向上させていくのです。

他人の靴を履いてみる

「聴く」と「共感」はワンセット

相手の感情的な部分に耳を傾けるときに重要なのが、「共感しながら聴く」ことです。共感しながら相手の話を聴くと、相手は「自分のことを理解してくれている」と感じ、安心して話を続けてくれます。

このとき注意したいのが、「共感」と「同調」の違いです。大切なのは「共感」であって、それは「同調」ではありません。

「共感」と「同調」はどう違うのでしょうか。

例えば、タバコを吸わない人が「禁煙車」と書かれたタクシーに乗った際、その車内がタバコ臭かったとします。後日、次のような会話がありました。

タクシーに乗った人：「禁煙車なのにすごくタバコ臭くて、マジ許せなかったよ！」
友人A：「それ、絶対許せないね！ ちゃんと文句言った？」
友人B：「それは嫌な思いをしたね。私もその場にいたら同じ気持ちになると思う」

さて、友人Aと友人B、どちらが共感で、どちらが同調でしょうか。

答えはAさんが「同調」で、Bさんが「共感」にあたります。

同調とは、相手と同じ意見や態度になることです。
共感とは、相手の気持ちを理解し、共有することです。

同調が相手と感情的に同化（シンクロ）するのに対し、共感は相手の気持ちに寄り添うことであり、自分自身の考えをいったん脇に置く姿勢を求められます。

そして、コミュニケーションでは、「同調」よりも「共感」が重要とされています。というのも、「同調」は相手と感情的に一体化するので、一時的には相手の満足感を得られる可能性が高いでしょう。けれども、同調すると、つい相手の視点に引きずられ、自分自身の冷静な判断や意見を失いやすくなります。

また、後々互いの意見が違ってきたときに、「あのとき、本当は賛同していなかったのか」と感じさせてしまい、信頼を損ねてしまうリスクがあるのです。

さらに、同調されると、人は自分の感情や意見をそれ以上深掘りしなくなり、表面的な話だけに終始してしまいがちです。その結果、話し合いをしても、本当のゴールが見えてこなくなるリスクがあります。

「共感」はこれらのリスクを回避し、相手の本音や背景を引き出すための有効なアプローチです。自分の視点を一時的に保留し、相手の気持ちを受け止めることで、対話をより深めることができるのです。

「相手の立場」から自分を見る

イギリスに「他人の靴を履く」ということわざがあります。

これは「他人の立場に立って考える」という意味で、共感をよく捉えた表現です。

他人の靴を履いてみたとき、「こんな履き心地なんだ」「こういう感じなんだ」と、頭で理解するだけでなく、体でその感覚を知ることで初めて、「そうか、君はこの靴を履いてこんな痛い思いをしていたんだね」あるいは「こんなに快適なんだね」と理解することができます。これがまさに共感です。

と同時に、そもそも他人の靴を履くためには、まずは自分の靴を脱がなければなりません。自分の靴を脱ぐのって、意外と面倒ですよね。それ自体は大した作業ではないはずなのに、わざわざ脱ぐというのは面倒に感じてしまうものです。

観光地で「ここから先は靴を脱いでお入りください」と言われたとき、一瞬「え、そうなのか」と手間に感じることがありますが、それと同じように、共感も意識しなければ難しいのです。

けれど、その手間を惜しまず靴を脱いで中に進んでみると、靴を脱がなければ得られなかった感覚を味わえるというわけです。これが「共感」の醍醐味です。

別の例でも見てみましょう。

保育士の方は「子どもと話すときは必ず腰を下ろして、子どもと同じ目の高さで話しなさい」と教わるそうです。これは、腰を下ろすことで子どもに安心感を与える意図もありますが、それだけでなく、子どもの目線で世界を見るためでもあります。

大人がどれだけ大きく見えるのか、その大人から話しかけられたときどれだけ威圧感があるのか、といったことを知ることができます。また、「あの棚は子どもには高すぎて手が届かないかもしれない」といった気づきが得られることもあります。

たとえ意見が異なっていても、相手の話を否定する必要はありません。

「あなたの立場なら……」と共感し、あなたの言っていることは決して間違ってはいないということを伝えればよいのです。

まずは相手の話を否定せず、共感しながら聴くことから始めてみてください。

聴くポイントは「論理」と「思い」

相手の論理や思いを知らなければ、いい話し合いは難しい

聴くことが大事だとはいえ、「何を意識して聴くべきか」は明確にしておく必要があります。ただ前のめりに話を聴いていても、ポイントを外していたら、話は正しく進みません。「相手の何を聴くべきか」を意識していないと、単に「聞いているだけ」で終わってしまいます。

「何を聴くか」で押さえておきたいのは大きく次の2つ。

それが「論理」と「思い」です。ここでいう論理とは、簡単にいえば、

◆相手は何を「どうすべき」と言っているのか
◆その主張の根拠や理屈はどのようなものか

議論や交渉において、相手には必ず目的、つまり「○○をしたい」というゴールがあります。そのゴールを達成するために、相手は主張や根拠、理屈を持っているはずです。これをしっかりと聴き、理解することが重要です。

もうひとつの「思い」とは、価値観や感情と言い換えることができます。

◆相手が大事にしたいことや願っていることは何か
◆相手はどうなると嬉しく、どうなると嫌なのか

などです。
私は交渉をする際、相手の価値観や使命感など、「言葉の奥にある背景」を大切にしています。

なぜなら、**相手の示す根拠や理屈が実は後付けという場合も多く、実際には感情や価値観が理由として隠れていることが少なくない**からです。

どんなに良いと思われる提案であっても、感情的に納得できなかったり、相手の価値観や思いと折り合わなかったりすると、話はまとまりにくいものです。仮にまとまったとしても、不満が残れば後々の問題につながる可能性は大いにあります。

逆に、価値観や使命感を知ることで、相手が本当に目指しているゴールや合意できるポイントを見つけることができます。

そのためには、相手とのコミュニケーションをできるだけ多く取り、言葉の背景や価値観などを言語化してもらうことが効果的です。

例えば、以下のような質問を投げかけてみるといいでしょう。

「それができると、どんな良いことがあるんですか？」
「それを達成して、どのようなことを得たいのですか？」

話し手の論理や根拠を聴き、思いや感情を聴く。この2つを意識するだけで、より良い関係が築きやすくなります。話をどのように進めるか、またどのように着地させるかも見えてくるでしょう。

このことは互いが対立的な関係に立つ場合でも同じです。

相手の考えや背景を理解することで、ゴールへの道筋や新たな解決策の糸口を見つけられるようになります。

聴くことで、相手自身も気づいていなかった課題が明らかになったり、自分も予想していなかった場所に解決の糸口を見出せたりすることもあるのです。

言語化されない「感情情報」をキャッチする

「聴く」においてもうひとつ大切なことがあります。

それは、**言葉にならない感情情報をキャッチする**ことです。

「目は口ほどに物を言う」ということわざがありますが、実際には目だけでなく、口調や語気の強さ、声のトーン、表情といった様々な要素から、相手の心情を読み取ることができます。

例えば、私がクライアントと話をしているときのこんなやり取りがあります。

「アドバイスは以上となりますが、ほかに気になっていることはないですか？」

「……いや、特にないです。大丈夫です」

一見すると「問題はない」ように受け取れます。しかし、その声のトーンや話し方から、実は「言いにくいことがある」というサインを感じ取り、「何か心配事がありそうですね」と伝えると、「実は……」と話してくれることがあります。このような経験は、多くの方にも思い当たることがあるのではないでしょうか。

けれど、相手にしっかりと興味・関心を向けておかないと、こうしたサインはスルーしてしまいがちです。

だからこそ、「聴く」は大切なのです。

特に、**相手が言いにくいことは、その人にとって最も困っている問題**である場合が少なくありません。こうしたサインを拾うためには、常に感度の高いアンテナを立てておき、意識的に「聴く」姿勢を作っておくことが必要です。
例えば、次のようなサインや変化に注目してみてください。

◆語気が強くなった↓それに対する思いが強い
◆同じ言葉を繰り返している↓それが気になっている
◆声のトーンが変わった↓明るくなれば前向き、暗くなれば不安がある
◆ためらいがちに話している↓不安を感じたり、決断しきれていない
◆話すスピードが変わった↓速くなれば積極的、遅くなれば慎重

これらの変化を敏感にキャッチすることで、相手の言葉に表れていない思いに気づけるようになります。そして、そのメッセージを受け取り、相手が何を感じ、何を求めているのかに気づくことで、より深い信頼関係を築くことができ、話し合いをより良い方向に進めていけるでしょう。

「思い」がわかれば、納得する結論にたどり着く

1個のオレンジを姉妹2人が満足するように分ける方法

ひとつ有名な逸話をご紹介したいと思います。

「姉妹とオレンジ」という話を知っていますか？

交渉学や法律を学んだ方であれば、ご存じかもしれません。

ある姉妹が1個のオレンジを巡って争っていました。2人とも、どうしてもそのオレンジがほしいと思っています。そこに母親が登場し、争いを解決しました。さて、この母親はどのように解決したのでしょうか？

1.「お姉さんなんだから我慢しなさい」と言って妹にオレンジを渡した

2. 争いになった経緯を確認し、最初にオレンジを持っていた姉に渡した

3. オレンジを半分に割って、それぞれに渡した

4. じゃんけんをして、勝ったほうがもらうと決めた

いかがでしょう?

どの選択肢もあり得る解決法ですが、どれもそれなりに不満が残ってしまいそうです。例えば、3番目の「半分に割る」は、一見公平に見えますが、どちらの希望も完全には満たしていません。4番目の「じゃんけん」も公平に思えますが、負けたほうにはやはり不満が残るでしょう。

ここで**母親が取った解決策は、姉に「果肉」を、妹に「皮」をあげること**でした。

実は、姉はオレンジジュースを作りたくて、妹はマーマレードを作りたかったのです。ジュースに必要なのは果肉で、マーマレードに必要なのは皮です。ですから、この解決法は、2人とも満足できる内容でした。

最初に母親がこの争いに遭遇したとき、目に見えていたのは「2人ともオレンジがほしい」ということでした。でも、よく話を聴いてみると、それぞれがオレンジをほしいと思っていた理由はまったく異なっていたのです。

さらに深く話を聴くと、2人とも「お母さんに喜んでもらいたい」という思いから、オレンジジュースやマーマレードを作りたかったということもわかりました。ゴールは異なっていても、実現したい思いは同じだったのです。

この話から学べることは3つあります。

1. 目に見える事実だけでは最良の解決策は見つからない

2. 一見対立しているように見えても、ゴールは対立していないことがある

3. 視点を変えれば、新たな解決の形が見えてくる

たとえ意見が対立したとしても、表に出てきた言葉だけで判断するのではなく、その背景や、奥にある考え、思いを引き出すことが重要です。これを意識して行うことで、お互いが納得できる結論にたどり着ける可能性が高まるのです。

「自分と相手を知る」ことで話が前に進む

お互いが納得できる結論にたどり着くためには、「自分が本当はどうしたいのか」を明確にするとともに、「相手が本当はどうしたいのか」を知る必要があります。

目に見えるものや表に出ている言葉だけをそのまま捉えているだけでは、なかなか納得のいく着地点を見つけることはできません。かといって、単に足して2で割るような方法では、誰も満足しない結果になる可能性があります。

「お互いが最も実現したいことは何なのか？」

これを見つけることが、話し合いでは大切です。

何か問題が起きたとき、私たちは目の前の出来事をすぐに解決しようとしがちです。

ですが、本当に重要なのは、真の問題を見つけてその原因や意味を深く理解することです。

例えば、風邪を引いて熱が出たときに解熱剤を飲むのは、表面的な対処療法にすぎません。熱が下がったとしても、あとになって鼻水や腹痛といった別の症状が現れることがあります。

もしかすると、背後にはもっと深刻な病状が隠れているかもしれません。このような場合、解熱剤で熱を下げるだけでは根本的な解決にはなりません。むしろ、十分な睡眠と適切な食事を取り、健康な体を作ることのほうが重要です。

先ほどのオレンジの話と同様、話し合いの表面にだけ現れている現象は、必ずしも本質的ではないことが多いのです。


もうひとつ例を挙げましょう。

週末の家族旅行で「ディズニーランドに行くか、温泉に行くか」で意見が対立していたとします。しかし、その背景にある共通の思いが「家族みんなで過ごしたい」だとわかれば、実は旅行先は重要ではなく、それこそ近場の憩いの公園で十分なのかもしれません。

ほかにも、自動車メーカーであれば、車を造ること自体が目的のように見えますが、実際には「事故のない安全で快適な社会を作る」という使命感のもとで活動していることが多いでしょう。

同様に、ハウスメーカーは、単に4LDKの一戸建てを建てることだけが目的ではなく、本当に実現したいのは、「家族が幸せに暮らせる日常を実現すること」だったりします。

こうした目に見えない思いにまで考えを巡らせることが、より良い結果につながっていくのです。

ですから、話を聴くときは、発せられた言葉だけでなく、その裏にある思いや論理にも心を傾け、聴く必要があるのです。

第4章

相手を納得に導く「整える」スキル

情報や思考を整理するために必要な「質問力」

「良い質問」で足りないピースを探し出す

話をちゃんと聴けているのなら、次は聴いた話を「整える」作業になります。

情報や思考を整理し、話を「整える」というのは、散らばったジグソーパズルのピースをひとつの絵に仕上げていくようなものです。

しかし、そもそもピースが揃っていなければ、完成させることはできません。どれだけ話を丁寧に聴いても、着地に必要なピースがまだ揃っていないこともあります。そのようなときには、話を掘り下げたり広げたりする質問をして、足りないピースを見つける必要があります。

そこで重要になるのが「質問」です。

私がコーチングを学ぶ際によく取り組んでいたのが質問のトレーニングです。コーチングでは、相手が自ら考え、行動を選び、目標を達成できるよう、質問を通じてサポートします。

突然ですが、ここで皆さんに質問です。

「人間は孤独でも幸福に生きていけると思いますか？」

いかがですか。

きっと「どうだろう？」と頭の中で考え始めたのではないでしょうか。

実は、**人間は質問されると答えを探し始める性質**があります。この性質を活かすことで、質問には次のような効果が期待できます。

◆相手に対して、思考を促すことができる

◆回答を述べるときに、自分の考えが言語化され、明確になる例えば、あなたが「週末に家族で東京スカイツリーに行きたい」と思ったとします。けれど、配偶者は賛成してくれません。

このとき、「そもそもどうして東京スカイツリーに行きたいと思ったんだっけ？」と問い直してみると、「家族みんなで特別な時間と体験を味わいたい」という思いに気づくかもしれません（このとき、質問の相手は自分自身でもかまいません）。

この思いを家族で共有できれば、話し合いの焦点は「スカイツリーに行くかどうか」ではなく、「家族みんなが楽しい週末を過ごすにはどうすればよいか」という本質的なテーマに移ります。

こうなると選択肢が広がり、どんな過ごし方ができるかについての話し合いが家族で行われ、それまで気づかなかった、より良い過ごし方が見つけられる可能性が出てきます。

そのためには、こちらが投げかける質問が「いい質問」である必要があります。「質問力」が問われるわけです。

オープンクエスチョンとクローズドクエスチョン

「いい質問」ができるようになるためには、質問の種類を知っておくのが近道です。

ご紹介したいのは、**「オープンクエスチョン」**と**「クローズドクエスチョン」**です。

オープンクエスチョンとは、自由に思いを巡らせることのできる質問です。

この質問には相手の考えを解き放ち、選択肢を広げる効果があります。「5W1Hを使った質問」というとわかりやすいでしょう。「いつ？」「どこで？」「誰が？」「何を？」「なぜ？」「どうやって？」という質問を投げかけることで、答える相手は自由に思考を巡らせることができます。仕事の場面なら、

「このビジネスモデルで何を実現したいですか？」

「それをお客様が購入したら、どんな良いことがありますか？」

「なぜお客様は私たちの商品を選んでくれるのでしょう？」

オープンクエスチョンを使うことで、相手はそれまで気づかなかった自分の考えや思いに至り、さらなる情報や洞察を引き出すことができます。

一方、クローズドクエスチョンとは、「やりたいですか？ やりたくないですか？」「ほしいですか？ ほしくないですか？」というように「YES」「NO」で答えられる質問です。この質問は、相手に少し威圧感を与える場合があり、「決めさせられた感」が強まる場合もあるため、使いすぎるのは要注意です。

しかし、クローズドクエスチョンには、相手の決断や決意を確かめたり促したりする効果もあります。例えば、新しいプロジェクトを進めるときなどに、

「本当にそれをやりたいですか？」
「このまま進めても問題はないですか？」

といった質問を通じて相手の意思を明確にして、それを踏まえて次のプロセスに進んでいくことができます。

「抽象と具体」を行き来する質問

もうひとつご紹介したいのが、「抽象と具体」を行き来する質問、「チャンクアップ」と「チャンクダウン」です。

チャンクとは「塊」を意味します。

テーマや課題をより広い視点で抽象化していくのが「チャンクアップ」。反対に具体化して解像度を上げていくのが「チャンクダウン」です。

次ページの図でいうならば、思考のピラミッドを頂点に向かって登るのが「チャンクアップ」、下っていくのが「チャンクダウン」です。

チャンクアップの質問は、思考を広げ、自由な発想を促す質問です。この質問を使うと、相手のビジョンや価値観、根底にある大切なものに近づくことができます。例えばこのような質問です。

チャンクアップとチャンクダウン

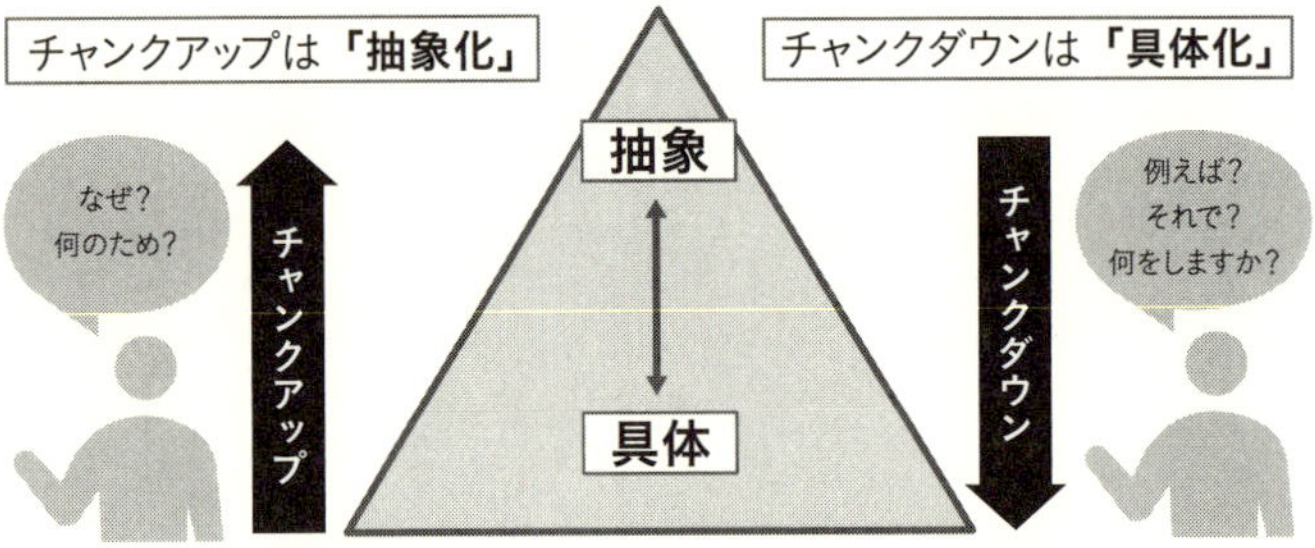

◆何のために、それに取り組むのですか？
◆そこから得られるものは何ですか？
◆どのような姿になっていることが理想ですか？

チャンクダウンの質問は、思考を具体化し、課題や行動を細分化・明確化していくものです。この質問を使うと、実際の場面をリアルに想像したり、具体的なイメージを共有することができます。例えばこんな質問です。

◆そのとき、どんな会話が行われたのですか？
◆その課題を解決するために、何から始めますか？
◆今度その人に会ったとき、どんな言葉をかけてあげますか？

話し合いが停滞したときなどは、まずチャンクアップで話し合いの目的を思い出し（そもそも何のためにこれを話し合っているのか？）、その上で、チャンクダウンで具体的な解決策を挙げる（具体的にどんな行動を取ればよいのか？）というように、チャンクアップとチャンクダウンを目的に応じて使い分けることで、互いの思考を深め、効果的な解決策や次に向けての行動を導き出すことができるでしょう。

チャンクアップとチャンクダウンの使い方

チャンクアップ（抽象化）とチャンクダウン（具体化）の内容は知っていても、実際の使い方まで正しく理解し、実践できている人は意外と少ないようです。

ポイントは、「抽象と具体を行き来する」ことです。

例えば、先ほどの

◆ 何のために、それに取り組むのですか？
◆ そこから得られるものは何ですか？

◆どのような姿になっていることが理想ですか？

という質問をしたところまではいいけれど、そのままで終わってしまうシーンがよく見られます。

「そうだったのですね」とか「そうなんですね。さて……」と、すぐに別の質問に行ったりする。相手のことを深く知るという意味では大事ですが、それでは不十分です。

チャンクアップ（抽象化）の質問をしたあとは、「それでは具体的に何か始めましょうか」などと具体に戻ってくることが大切です。そうすることで、相手との話し合いがまとまる方向に進展するのです。

よく、決起会といった飲み会が無意味になりがちなのは、「〇〇で頑張りましょう」と抽象化（チャンクアップ）することだけで終わってしまうからです。ちゃんとチャンクダウンまでしていかないと、現実は変わっていきません。

そして、この「具体と抽象の行き来をする」ですが、実行する際には気をつけなければいけないポイントがもうひとつあります。

それは、**具体に戻ってくるときは、「ゆっくりと具体に戻る」**ことです。つまり、チャンクアップ（抽象の質問）したあとにすぐにチャンクダウン（具体の質問）をするのではなく、ゆっくりとチャンクダウンするということです。

チャンクアップしたあとすぐにチャンクダウンすると、「じゃあどうするの？」「明日からどうするんだ？」「具体的には？」と相手を責める、もしくは詰めるような形になってしまいがち。そうではなく、

「もし、ひとつだけ始めるとしたら、何から手をつけましょうか」
「来週でいいから、『じゃあどうする』というところを詰めていきましょう」

など、少しずつ取り組んだり時間をかけて具体的な方策などを考えたり、話し合ったりすることが重要です。丁寧にチャンクダウンすることで、揉めることなく、建設的に話がまとまる方向に進んでいくのです。

自分と相手の考えを整える

論点は整え、共有する

ジグソーパズルのピースが揃ったら、次はそのピースを整える作業です。

これは、**自分と相手の思考を整理し、論点や問題点を相手と共有する**ことを意味します。これにより、感情的にも論理的にも協力しやすくなり、合意点を見つけやすくなります。

この「整える」がうまくいかないと、論点がずれたり、話がかみ合わず、いつまでも着地点が見出せません。

1000ピースのジグソーパズルを作る場面を想像してみてください。

青い空と青い海が描かれた美しい風景画。空には白い雲が浮かび、砂浜には白い波が寄せ、エメラルドグリーンから深い青へのグラデーションが広がっています。

そんなパズルを作るとき、あなたならどうしますか？

おそらく、濃い青、薄い青、白といった具合に色別にピースを分類してから作り始めるのではないでしょうか。

もっと簡単な例を挙げるなら、散らばったトランプを整理するとき、まずはハート、ダイヤ、スペード、クローバーの4つに分けて、それぞれをAからKの順に並べるのが効率的ですよね。そのほうが一枚ずつ並べるより、よほど早いでしょう。

同じように、これまで聴いてきた話の内容を、次の観点で分類して整理すると、論点や問題点、目指すべきゴールが明確になります。

- ◆事実か、意見か
- ◆論理か、感情か
- ◆具体か、抽象か

◆合意できている部分か、できていない部分か

◆重要度が高い部分か、低い部分か

これらをノートに書き出していくと、これから掘り下げて話すべきことの論点が見えてきます。また、現在どの部分で話し合いが停滞しているかを把握することもできます。

例えば、あるプロジェクトが進行中だとします。思ったように進まず、遅れが出ています。予算や納期が決まっている中、間に合わせたいメンバーと、無理だと思うメンバーとで意見が割れています。

このような状況でのプロジェクト会議を例に、思考の整理を行ってみましょう。

▼事実と意見を分ける

事実：プロジェクトの進行が2カ月遅れている。

意見：このままだと納期に間に合わない。／何とかすれば間に合う。

▼論理と感情を分ける

論理：予算増額や納期延期の確約は決済権者次第となっている。

感情：ぜひ、プロジェクトを成功させたい。／無理してやらなくてもいい。

▼具体と抽象を分ける

抽象：頑張ってなんとかしたい。

具体：今の人数の場合、納期から2週間遅れる。

▼合意できる部分とできない部分を分ける

合意できる部分：成功させたい気持ちはメンバー全員が共有している。

合意できない部分：残業など、メンバーに負荷がかかる方法の可否については意見が分かれている。

▼重要度が高い部分と低い部分を分ける

重要度が高い部分：納期までに納品すること。

重要度が低い部分：予算は社内の問題として処理でき、最優先事項ではない。

このように整理することで、以下のような論点が浮かび上がり、次へのステップが見えてきます。

▽論点

- 納期を延ばすべきか？
- 予算を増やして人員を増やすべきか？
- 残業は可能か？

▽次のステップ

納期「納期に間に合わせるには、あと何人必要か？」「納期を延ばした場合のデメリットは何か？」

予算「予算増額により確保できる人員数と、それによる作業効率の向上はどうか？」

残業「残業の発生はいかなる時間も受け入れ不可能か？」

「事実と意見」は混ざりやすい

　このように分けることで、論点がきれいに整理されていくのですが、このうち、「事実と意見」の分類が曲者で、ほかの整理に比べるとごちゃ混ぜにしてしまいがちです。次の会話を見てください。

▼事実と意見を分けられない会話例

上司：「このプロジェクトの進捗はどう？」
部下：「ちょっと遅れていると思います」
上司：「思いますって……。実際はどうなの？」
部下：「えっと、その、何とかリカバーできる範囲だとは思っています」
上司：「何とかリカバー、じゃなくて、具体的にどのくらい遅れているのかな？」
部下：「今は遅れが生じてますが、絶対最後には間に合わせますので！」
上司：「……」

▼事実と意見を分けた会話例

上司：「このプロジェクトの進捗はどう？」
部下：「現在の進捗は予定の60％です。これまでのタスクで3つが未完了です」
上司：「そのタスクが未完了になっているのはどうして？」
部下：「私の見立てでは、チーム内での進捗情報の共有ができていないからだと思います。リアルタイムで情報共有するよう、業務マニュアルの改定をしたいです」

違いがわかりやすいように特徴的な会話を並べましたが、このように、事実と意見を分けて会話しているかどうかで、こんなにも話の展開に違いが生まれます。

どちらの例でも、部下は真面目に答えています。

しかし、前者の例は、事実を問われているのに、自分の意見や感想で答えてしまっているために、会話が一向にかみ合う様子がないのです。

いかがでしょうか。事実と意見を分けることの大切さを感じてもらえたらと思います。

「見える化」が納得感を高める

ホワイトボードで「見える化」する

話し合いが行き詰まったり、論点が複雑化したりした場合、どのように対処すればよいでしょうか。

以前、比較的大きな企業での労使交渉を担当したときのことです。

会場に入った途端、「これはまずい」と直感しました。長机が向かい合わせに並べられ、経営陣と従業員がそれぞれ「相手に負けるものか、絶対に勝つ！」という戦闘モードで臨んでいたのです。

議論において感情的になることは避けるべきです。ヒートアップして勝ち負けに意識が向けば、かえって望ましい着地は遠のいてしまいます。感情的になると相手の言葉遣いや態度、口のきき方など、本来の論点とは無関係な部分に気を取られ、互いの好き嫌いや力関係に引きずられてしまいます。

こうしたときに有効なのが「見える化」です。

感情的になりがちな状況を視覚化し、文字や図として整理することで、冷静に話し合いをするための土台を作ることができます。

特におすすめなのが「**ホワイトボードを使うこと**」です。

近年では裁判所の調停の場でもホワイトボードが利用されるようになっています。双方の主張や争点を文字として「見える化」することで、互いの言い分や協議の流れを視覚的に把握でき、意見の相違点を確認しやすくなります。

先ほど触れた労使交渉の場でも、ホワイトボードを使い、まずは双方の主張を整理しました。労使交渉の現場では、担当者が発言するたびに反論や批判が飛び交うことが多いです。しかし、事前に「お互いの主張を聴く時間を設け、反論はあとにしましょう」というルールを設定し、ホワイトボードに論点を書き出していきました。

この整理方法は労使交渉だけでなく、あらゆる議論や対話に応用できます。

可視化して共有することで考えを整理し、問題点を明確にすることができます。また、ホワイトボードを見ながら議論を進めることで、視線がホワイトボードに向くため、互いがにらみ合ってしまう場面が減り、感情的なやり取りや対立を避ける効果もあります。

その結果、冷静な話し合いを進められるのです。少人数であれば、ノートやメモでも十分に活用できます。

「場」そのものを整える

話し合いが荒れるのは、「場」が整っていないから

話し合いの中身を整えるのと同じくらい大事なものがあります。
それが、話し合いの「場」を整えることです。

「自分は聴く耳を持って会話をしているのに、相手が全然聴いてくれないんだよ」

そう感じた経験がある方もいらっしゃるのではないでしょうか。どれだけあなたが相手の話に耳を傾けても、相手があなたの意見を聴かず、自分の主張ばかりを繰り返

していては、話がまとまることはありません。

そこで大事になってくるのが、**「場を整えること」**です。

例えば、裁判所の法廷では、なぜ水掛け論のような状況に陥らないのでしょうか。それは、裁判官がいるとか、弁護士や検事といった真面目（?）な人たちが話し合っているからではありません。「法廷」という場が整えられ、ルールが明確に定められているからです。

競技としてのディベートも同様で、ルールの中で行われる討論だからこそ成立しています。つまり、フェアで公平な話し合いを成り立たせるためには、場を整えるルールが必要なのです。

これは会議や交渉の場でも同じことです。どのように話し合いを進めるかについて共通の認識が持たれていなければ、利害対立する者同士が議論を始めた途端に、勝ち負けのような荒れた状況になってしまうのは当然ともいえます。

ですから、「場を整える」ことは非常に重要なのです。

例えば、以下のような前提を共有することが大切です。

- ◆前向きな議論を心がける
- ◆お互いの話にしっかり耳を傾ける
- ◆揚げ足を取ったり人格攻撃をしない

会議や交渉に入る前に、「今日の話し合いは荒れるかもしれない」「厄介なメンバーがいる」などの懸念がある場合、このようなルールや前提を事前に共有しましょう。

「今回はお互いの意見が異なることが予想されますが、まずはお互いの意見を最後までしっかり聴いてから発言するようにしましょう」

「今日は貴重なお時間を割いていただきありがとうございます。この場を有益な話し合いにしたいので、揚げ足取りや人格攻撃などネガティブな発言は控えるようお願いします」

このように、話し合いが始まる前に場を整えます。もし立場上そのような発言をするのが難しい場合は、その場を仕切るリーダーや決裁者に、あらかじめ方向性を伝えておき、ルール設定を依頼するのもひとつの方法です。

それでも揚げ足取りや人格攻撃、相手の意見を無視するような行為があれば、その都度「今日のルールを思い出してください」と指摘できれば十分な効果が期待できます。場を整えることで、話し合いが建設的なものに変わり、スムーズに話が進んでいきやすくなるでしょう。

いかがでしょうか?

これまでご紹介した「話を聴く」「話を整える」スキルを活用することで、話がまとまっていく道筋がだいぶ見えてきたのではないでしょうか。

しかし、それでも話がまとまらない場合やゴールへの到達が難しい場面では、次章で紹介する方法を試してみてください。

次章では、交渉学をベースにした「話を着地させるスキル」についてお話しします。

第5章

合意にたどり着く「着地」させるスキル

誰もが納得する「着地点」を作る方法

「小さな合意」の積み重ねが、「大きな合意」につながる

本章では「話を着地させるスキル」についてお伝えしていきます。

私が考える「納得する着地」は、第1章でもお伝えしたように、必ずしも意見が一致することを意味するわけではありません。もちろん、みんなが満足できる合意に至ることができるのが理想ですが、合意に至らず、意見が一致しないままの状態を選ぶ場合もあります。

また、今は結論を出さないと決めることも、場合によっては納得する着地点となり

得ます。どのような結果であれ、お互いが納得し次の行動に進める状態こそ、目指すべきゴールのひとつになるのです。

これまで「聴くこと」と「整えること」についてお話ししてきましたが、そのプロセスではいくつもの話し合いが行われ、小さな合意形成が積み重ねられています。そして、この小さな合意の積み重ねが、納得のいく着地へとつながっています。

例えば、

「あなたがおっしゃっていることは、○○と理解してよろしいですか？」
「はい、その理解で合っています」
「そうであれば、次の課題が見えてきますね。それについて意見を出していきましょうか？」
「はい、それでいいと思います」

という具合に、一つひとつ確認をしながら進めることで、小さな合意を積み重ねているわけです。

前にも少し触れましたが、人は一貫性を保とうとする心理を持っています。「一貫性」とは、自分の意見や考えをころころ変えたくないという心理です。

この心理を活用して、小さな確認や合意を積み重ねていくことで、意見や認識のズレを防ぎつつ、ともに大きな合意を目指していこうという気持ちにいざなっていくのです。

そう考えると、小さなやり取りでも細やかな配慮が必要であり、丁寧に確認を重ねることで、摩擦を減らしながら話し合いを進めていくことの大切さがわかってくるのではないでしょうか。

小さな確認や合意を重ねていくことは、大きな合意を築くための第一歩です。対話を進めながら、相手の言葉やその意図、感情を丁寧に確認することを心がけましょう。

ゴールに幅を持たせる技術

提案に幅を持たせる「ZOPA」という思考法

話し合いでは、できることならみんなが満足できる合意を目指したいものです。

そのようなときにおすすめしたいのが「ZOPA（ゾーパ）」です。

これは交渉学で使われる概念で、Zone of Possible Agreement（合意が可能な範囲）の略称です。「合意できるゾーンがどの範囲にあるか」を考えてみようというものです。

例えば金額交渉でいうと、「できることならこの価格で合意を取りたい」という理想値と「ギリギリこの値段までは下げられるけれど、それ以下は無理」というように合意点に幅を持たせる考え方です。ビジネスの場面での具体例を見てみましょう。

〈デザイナー（自分）〉

◆希望する報酬：150万円

◆他社からも同じ仕事内容で130万円のオファーを受けている。

〈相手会社〉

◆希望する報酬：120万円

◆本社からは140万円までは用意できると指示を受けている。

〈ZOPA（合意可能な範囲）〉

◆報酬130～140万円

このように、自分のゾーンと相手のゾーンが重なっている部分が、双方にとっての合意可能な範囲になります。この範囲であれば合意の可能性があるため、選択肢の幅の中で話し合いを進めることができれば、合意点を見つけやすくなります。

ほかにもフリーマーケットや海外の市場で値引き交渉をしながら買い物を楽しむ場面を思い浮かべてみてください。あのやり取りは、まさにお互いが金額のゾーンを想定しているからこそ成り立つわけです。

このZOPAは、金額や費用といった数字で表せる範囲であれば使いやすいですが、そうでない場合は少しイメージが持ちづらいかもしれません。

そのような場合は、合意点を見つけるために、合意の選択肢を3つ用意しておくという考え方が役に立ちます。

選択に納得しやすくなる「3つの提案」

合意しながら話し合いをうまく進めていくためには、互いが「自分で選んで決めた」と感じることが重要です。

そのために大事なのは、どれが選ばれても、自分たちが損をしない選択肢を用意すること。中でもおすすめなのは、**「3つの提案」を作る**ことです。

提案で大事なのが数です。多すぎても少なすぎてもいけません。

提案が1つだけだと、選択肢がないことになります。

提案が2つだと、二者択一になり、選ばされている感が出てしまうかもしれません。

4つ以上だと、選ぶのが大変になります。

しかし、3つの提案であれば、選ぶことに負担感が少なく「3つの中から自分で選んだ」という感覚を持つことができます。

「3」という数字は「マジックナンバー」とも呼ばれ、昔から様々な場面で使われてきました。例えば、「S／M／L」「松竹梅」「金・銀・銅」「三種の神器」などが挙げられます。

また、携帯電話の契約プランや、インターネットソフトやアプリのプラン設定でも、次のように「3つの選択肢」が設定されていることが多いと気づくのではないでしょうか。

◆使用頻度が少ない人向けのライトプラン（低価格帯）
◆標準的なノーマルプラン（中価格帯）

◆使用頻度が高い人向けの高機能プレミアムプラン（高価格帯）

同じように、相手に提案をする場合は、3つの選択肢を用意すると納得感を持って、お互いが「自分で決めながら、話し合いを進めていくことができている」と実感しやすくなります。

第3の案を見つける「クリエイティブ・オプション」

ZOPAや3つの提案を用いても合意に至らないことはあります。

そのようなときに有効なのが、**「クリエイティブ・オプション（創造的選択肢）」**という考え方です。

これは、どちらかが初めから持ち出していたり、すでに議題に出ている解決策の中から結論を出すのではなく、話し合いを通じて生み出される新たな選択肢、つまり「第3の案」を作り出すことを指します。

今見えているものだけで決めようとすると、A案かB案にこだわって、「AもBも無理なら合意は不可能だ」と結論づけてしまいがちです。

しかし、Cという新たな案を見出すことで、AもBも可能にできたり、それまでは考えもつかなかった新たな方策が見つかったりすることもあります。


例えば、「仕事」と「旅行」の両立を実現するワーケーションは、その好例でしょう。仕事かレジャーかの二択ではなく、両方のメリットを実現することができる、まさに第3の選択肢といえます。

ひとつ事例をご紹介しましょう。

子どもが幼い頃から週末旅行を楽しんでいたご家族のお話です。

子どもが小さい頃は2泊3日の旅行が当たり前でしたが、中学生になり、学校や部活、塾で忙しくなると、これまでのスタイルを続けるのが難しくなりました。

そこで家族会議を開き、それぞれの意見を出し合いました。

子ども：「部活は休みたくない。でも、旅行にも行きたい」

母親：「休暇は大切だけど、部活や塾を休ませるのは難しい。旅行に行くなら土日だけになるのでは？」

父親：「せっかく旅行に行くなら、ゆっくり楽しみたい」

最初のうちは、「学校や部活、塾は休めないから、旅行に行くならせいぜい1泊2日かな」という結論にまとまりそうでした。

しかし、父親はその結論には不満だったそうです。1泊2日では慌ただしく、十分に楽しめないからです。

そうして話し合いを続けているうちに、ある案が浮かびました。

それは、「金曜日の夜に出発して2泊3日の旅行にする」というものです。この案なら、土曜日と日曜日をまるまる活用でき、学校や部活を休む必要もありません。金曜の夜は民泊サービスを利用することで、到着時間も費用もさほど気にしなくてすみます。おかげで家族全員が満足する旅行ができました。

「1泊2日の旅行は嫌だ」「学校や部活を休むのは無理」「だったら旅行は諦めよう」

ではなく、「金曜日の夜に出発する」という発想を加えることで、旅行も学校も部活も両立させることが可能になったわけです。

このように、お互いの実現したい希望を共有し、それぞれの目的やゴールを達成できる案を見つけるのがクリエイティブ・オプションです。こうした「第3の案」が見つかると、合意に向けて大いに進みやすくなります。

クリエイティブ・オプションを見つけるポイントは、ひとつの意見へのこだわりをいったん外し、「何かほかにないか」「もっと良い案はないか」とブレインストーミング（複数人が自由にアイデアを出し合う集団発想法）をするように新しい選択肢を出し合うことです。

仕事でもプライベートでも、意見の対立や考え方の違いは起こります。まずはお互いの意見を出し合い、自分の主張に固執することなく、「ほかに案はないか」と頭をひねり、クリエイティブ・オプションを探す姿勢が大切です。

最善の代替案「BATNA」を用意する

最善の代替案があれば、無理な合意がなくなる

ZOPAで提案に幅を持たせても、3つの案を提示しても、クリエイティブ・オプションを考えても、それでも合意に至らないときもあります。

これまでにもお伝えしてきたように、合意に至らなくても、みんなが納得したうえで話し合いを終えることができれば、それは「着地した」と言えるでしょう。

けれど、話し合いが物別れに終わってしまったあと、次の行動に進めないのなら、それは正しい着地とはいえません。

そうした状況を防ぐのが「BATNA」です。

「BATNA（バトナ）」とは、Best Alternative To a Negotiated Agreementの略で、**「合意が決裂した場合における最善の代替案」**を意味します。

「最初から失敗した場合を考えるなんて後ろ向きでは？」と思うかもしれませんが、実際にはBATNAがない状態で合意を目指そうとすると、うまくいかないことが多いのです。まずは具体例を見てみましょう。

▼状況

現在、我が社は企業間で契約交渉を行っているが、A社が提示する条件に納得がいかない。

▼BATNA

今回交渉しているA社以外にも、同業他社であるB社とも契約締結できる可能性がある。B社と契約する場合、目標の最低ラインは超えることができる。A社の条件が改善されない場合は、交渉を打ち切り、B社との契約を検討する。

このように、交渉決裂後の具体的な選択肢を考えて、リスクヘッジするのが「BATNA」です。仕事の交渉においては、撤退した場合や交渉がうまくいかなかった場合の代替案を用意しておくことで、不要な妥協や譲歩をせずに、最善の合意を結べる可能性を高めることができます。

高校受験や大学受験を思い浮かべてみてください。

第一志望校を目指しつつ、ほかの学校も受験した経験はありませんか。

これは「もしもの場合」に備えた代替案の一例です。

受験校をひとつに絞ってしまうと、万が一不合格になった場合のリスクが非常に大きくなり、浪人や進学断念といった選択肢を迫られることになるかもしれません。そのような不安が心理的な負担を増やし、かえって本番で実力を発揮できなくなる恐れも出てきます。

一方、複数の学校を受験していればどうでしょう。たとえ第一志望に不合格でも、「進学できる学校がある」「まだあの学校が残っている」と考えられるため、心理的な負担が軽減されます。

その結果、第一志望の試験本番でも必要以上のプレッシャーを感じることなく、本領を発揮できる可能性が高まります。

先ほどの契約交渉の例でも同じことがいえます。

条件が折り合わず、話がまとまりそうにない場合、「A社がダメならB社と交渉すればいい」という代替案を持っていることで、「何が何でも交渉をまとめなければならない」とか、「決裂したら大変なことになるかも」というプレッシャーから解放されます。この心の余裕が、不本意な妥協や無理な要求の受け入れを防ぎ、結果的に良い交渉につながるのです。

BATNAを効果的に使う思考法

BATNAを効果的に活用するには、次の2つが大切です。

◆事前の準備

◆代替案そのものの質を高めておく

契約交渉の例でいえば、B社にヒアリングを行ったり、担当者と話をして具体的な契約の可能性を探ったりする必要があります。また、C社やD社といったほかの選択肢についても検討し、代替案の質や確実性を上げておくことが重要です。

受験の例でいえば、滑り止めや第二志望の学校候補として、より合格する確率の高い学校を選んでおき、その対策も立てておくことが大切です。

最もよくないのは、準備が不十分な状態で交渉を決裂させてしまうことです。「B社があるからA社と決裂しても大丈夫だろう」と楽観的に判断した結果、あとになってB社との条件も合わず、「これだったらA社と契約しておいたほうが良かった」と後悔するケースは避けなければなりません。

ここで、準備を十分に行えたかどうかをチェックするためには、次のような「問い」がおすすめです。

◆どうなったら話し合いをやめるか、その基準を明確にしているか
◆話し合いが決裂した場合、具体的にどんなデメリットがあるか？
◆現在のＢＡＴＮＡを選んだ場合、今の選択肢にどれくらい近づけられるか？

さらに、相手についても「問い」を通してチェックします。

◆話し合いがまとまらない場合、相手が負うデメリットは何だろうか？
◆相手が用意しているＢＡＴＮＡは何だろうか？
◆そのＢＡＴＮＡと比較して、当社の強みは何か？

話し合いはいわば「生もの」です。その場の空気やなりゆきで物事を決めてしまうと、あとで「なんであんな内容で合意してしまったんだろう」「もっと冷静になってから決めればよかった」と後悔するかもしれません。それは避けたいところです。

これらを事前に考え、イメージしておくことで、行き当たりばったりの話し合いや協議になってしまうことを防ぐことができます。

話を着地させるコミュニケーションのコツ

相手が「何を重視しているか」に合わせたコミュニケーションを見つける

着地点を見つけるうえで、「相手の納得傾向」を知り、相手に合わせたストーリーを組み立てて伝えられると効果的です。

シンプルにいうと、相手がどのようなタイプで、何に納得しやすく、共感しやすいかを把握するということです。これがつかめると、どのようにコミュニケーションを取ればお互いが納得する着地点にたどり着きやすいかが見えてきます。

この「納得傾向」は、大きく次の3つに分類できます。

◆理屈重視
◆感情重視
◆立場重視

きれいにこの3つに分かれるわけではありませんが、傾向をつかむだけでもだいぶ違ってきます。

あくまで目安ではありますが、次に紹介するポイントを押さえておくと、相手の傾向を把握しやすく、適切なコミュニケーションが図れるでしょう。

▼理屈重視

理屈重視の人は、思いや感情だけでは納得や合意を得るのが難しいタイプです。このタイプにとって重要なのは、論理がしっかり整っていることです。

そのため、事実やデータ、根拠や証拠をもとに話を展開し、時には具体的な事例を挙げながら話を進めるといいでしょう。

論理的な展開や根拠に基づく説得力は、このタイプの人に「快」をもたらし、スムーズに話を進める助けとなります。

〈理屈重視の人の特徴〉

◆つじつまが合わないことを嫌がる

◆問題解決志向が高い

▼感情重視

感情重視の人は、感情や思いに大きな影響を受けやすく、自分の思いだけでなく、相手の思いにも共感しやすいことが多いです。

そのため、このタイプの人に対しては、理屈で理論武装して臨むよりも、相手の気持ちの動きに敏感になって、心を込めて話をすることが適切です。

例えば、自社サービスをアピールする際、ロジカルな企画書を作るよりも、「こんな人たちの力になれるのです！」と伝えたほうが効果的なときもあります。このタイプの人は、理屈よりも正直な気持ちや熱意を伝えることのほうがぐっとくるのです。

〈感情重視の人の特徴〉

◆自分の直感や感覚で判断することが多い

◆行動がそのときの感情に影響されやすい

▼立場重視

立場重視の人は、他者の意見や評価を気にする傾向が強いです。自分の立場が「上」だと感じると強気に出たり、逆に「下」に感じると弱気になることもあります。話し合いや交渉において、このタイプの人は、誰の意見か、誰が言ったことなのかを非常に重視します。

例えば、上司の意見か部下の意見か、顧客からのクレームか、得意先からのクレームかによって、主張や態度が変わることがあります。

このタイプの人は、一度決まったことでも上司の意見でひっくり返したり、逆にトップダウンによって速やかに結論を出すこともあります。そのため、事前にキーマンが誰なのかを確認しておくことが大切です。

〈立場重視の人の特徴〉

◆役職や会社のことを気にしている
◆自分の役割に忠実である

同じ伝え方や提案をしても、Aさんはわかってくれたのに、Bさんはわかってくれない、という経験は多くの方がしたことがあると思います。

そのようなとき、相手の話し方や言動を観察しながら話を進めていくことで、相手のタイプを大まかにでも把握するよう試みてください。

相手のタイプや傾向に合わせて自分の話し方や情報の伝え方、話の組み立て方を調整することで、よりスムーズな話し合いができるようになるでしょう。

言い切らない話し方

話し合いをスムーズに進め、着地に向かわせるためには、「言い切らない」姿勢を持つことも有効です。

一見すると、「断言する」ほうが説得力があり、場をリードできるように思えるかもしれません。しかし、断言を多用すると話し合いの場が硬直化し、建設的な対話を妨げる可能性があります。

例えば、次のような断言を会議で用いるとしましょう。

「この提案を採用すれば、必ず成功します」

「この方針に反対する理由はありません」

その場ではそれなりのインパクトを与えるかもしれませんが、話し合いの柔軟性が失われたり、ほかの人の意見を排除する印象を与えるリスクを伴います。何より、話した内容が実現しなかった場合、あなた自身の信頼が失われてしまうでしょう。

断言する代わりに、柔軟で協調的な表現を意識することで、話し合いの質を向上させられます。

「現時点のデータでは、この案が成功する可能性が高いと考えます」

「ほかのリスク要因を考慮しても、この方法は有力な選択肢に見えます」

といった具合です。

こうした表現は、聴き手に安心感を与えつつ、話し合いの中身を深める余地を残します。また、発言者自身の立場を守りつつ、ほかのメンバーと協働する余裕を示すこともできますね。

異なる意見は「Iメッセージ」で伝える

話し合いをうまく着地させるためには、相手の意見や考え方に敬意を払いつつ、自分の意見も適切に伝えることが大切です。

その際、「Iメッセージ」を使うことができるととても効果的です。

「Iメッセージ」とは、自分の考えを「I（私）」を主語にして表現するコミュニケーション法です。

例えば、「あなたの意見はおかしいです」といった言い方では、相手は自分自身が評価されたり否定されたように感じ、不快感を覚えることが多いものです。

一方で、「私はあなたの意見に違和感を覚えます」といった「Iメッセージ」を用いると、相手は自分自身が批判されたわけではなく、あくまで「私がどう感じたか」を共有しただけなんだと、相手も言葉を受け入れやすくなり、建設的な話し合いがしやすくなるのです。

また、「Iメッセージ」は、相手が自分の意見を見直すきっかけにもなります。

直接的に否定されるわけではないので、不快になったり防衛的になることはないですし、それでいて、「相手がそう感じるなら変えたほうがいいのかもしれない」と、より冷静に自分の意見や立場を振り返ることができるでしょう。

このように、「Iメッセージ」は、お互いが感情的に対立するのを避け、理解を深めていくための一歩となり得ます。

話し合いがスムーズに進み、双方が納得感を持って着地できるよう、ぜひこの方法を日頃のコミュニケーションでも活用してみてください。

第6章

「厄介な相手」に論破されない方法

「厄介な相手」に対処する方法

話がまとまることを妨げる「厄介な相手」は存在する

ここまでお読みいただいた方は、話し合いで重要なのは論破することではなく、みんなが納得した形で話がまとまることだとご理解いただけたのではないでしょうか。

しかし、どれだけこちらが努力しても、相手が足並みを揃えてくれるとは限りません。相変わらずあなたを打ち負かそう、言い負かそうと思っている人もいれば、自分の正当性を譲らない人もいるでしょう。

論破しようとしてくる人、論破に至らずとも、話を着地させることを妨げる言動や態度を取る「厄介な相手」は残念ながら少なくありません。その中には、意識的にそうした言動を取る人もいれば、自然とそのような態度を取ってしまう人もいます。

こうした相手にはどう対処すればよいのでしょうか？

対処方法を知らないと、時に相手に飲み込まれてしまいかねません。

実は、「厄介」には、ある程度のパターンがあります。そのパターンや傾向をあらかじめ知っておくと、厄介な相手が現れても、振り回されたり、慌てふためいたりすることを避けることができます。

本章では、「厄介な相手」の代表的な例と対処方法を取り上げますので、そんな場面に遭遇しても、落ち着いて振る舞えるようになっていただけたらと思います。

なお、先にも述べましたが、たとえ相手がどんな人であっても、リスペクトの気持ちを忘れてはいけません。それは本章でも変わりません。

ですので、本章でいう「厄介な相手」というのは、「あなたの心の中で厄介だな、一筋縄ではいかないなと感じてしまいがちな人」という意味で用いますので、そのつもりでお読みいただけたらと思います。

厄介な相手その①「論点ずらし」をする人

巧みな詭弁、論法に騙されない方法

「この人面倒くさいな」とつい感じてしまうのは、相手が理屈をこねくり回してくるときが多いものです。論点ずらしはそのひとつです。

例えば次の会話を見てください。

Aさん：「今進行中のプロジェクトですが、すでに予算がオーバーしていますよね。予算内に収めずに進めている理由は何ですか？」

Bさん：「最近仕入れている資材の値上がりですね。今後は経済環境にどう対応するかも考えていかないとですね」

何が変なのかわかりますか？

Aさんが尋ねているのは、「なぜ予算オーバーしたまま、そのプロジェクトを進めているのか？」であって、論点は「プロジェクトを進めている理由」です。

ところが、Bさんが答えているのは資材の値上がりという「予算オーバーの理由」であって、「プロジェクトを進めている理由」には答えていません。そして、「今後の経済環境への対応」という別の話題を続けることによって、論点をずらしているのです。

このようなケースは意図的な場合もあれば、単に質問を正しく理解していないケースもありますが、いずれにしても、これにまともに対応していると、話はどんどん別の方向に進んでしまいます。このような論点ずらしは、「詭弁」と呼ばれることもあります。

論点ずらしにはいくつかのタイプがあるので、順番に見ていきましょう。

論点ずらしの代表格「ストローマン論法」

「ストローマン論法」（Strawman Fallacy）**とは、相手の主張を意図的に歪めたり、単純化したり、極端化したりして反論する手法**のことです。相手が実際には言っていないことを前提に議論を進めるもので、日本語では「藁人形論法」や「かかし論法」とも呼ばれます。

ストローマン論法の例を見ていきましょう。

例1：主張を歪める

Aさん：「子どもが道路で遊ぶのは危ないよね」
Bさん：「子どもが外で遊ぶのはいいことだと思うけど」

Aさんの主張が歪められたのがわかりますか。

Aさんは「道路で遊ぶこと＝危ない」と言っているだけで、「外で遊ぶこと」自体を危ないとは言っていません。しかし、Bさんは「外で遊ぶこと＝危ない」とすり替えています。

一見すると自然な会話の流れに感じられそうなため、論点がずれたまま話が進んでしまいがちです。もしそれに気づかなければ、Aさんは自分はおかしなことを言ったのかなとも思ってしまいそうです。

例2：主張を単純化する

Aさん：「これからは、長時間労働よりも効率的な働き方を目指すべきでは？」

Bさん：「つまり、働く時間を減らせばいいってことだよね？」

Aさんの主張がBさんによって単純化されてしまいました。

Aさんは「効率的な働き方」を提案しているだけで、「労働時間を減らせ」とは言っていません。しかし、Bさんは「働く時間」に論点をすり替えることで、話の焦点を変えてしまっています。このような単純化は、話の本質をぼやけさせてしまいます。

例3：極端な解釈をする

Aさん：「私たちの会社ではもっとフラットな組織構造を目指すべきです」

Bさん：「じゃあ、上司もいらないってことですか？　誰が指示を出して、どうやって物事を進めるんですか？」

Aさん：「私は上司を完全に排除しようと言っているわけではありません。もっと自律的な働き方を促進しようと言っているんです」

Bさん：「そうしたら、結局誰も責任を取らなくなるんじゃないですか？」

Bさんは A さんの主張を極端なものに変えたうえで、反論するやり方をしています。そのため A さんは自分の考えを何度も説明する羽目になり、議論が進みにくくなります。

▼「ストローマン論法」への対処法

このような論法に惑わされないためには、どのように対処すればいいでしょうか。

「あれ、そういう話だっけ？」と違和感を覚えたら、**「本来の論点は何だったか」「そ**

もそも話したかったことは何か」に立ち戻ることが大切です。

相手の言葉を遮ったり否定したりする必要はなく、その代わりに、「そもそもここで話し合いたいことは」と原点に立ち返ってみるのです。

先ほどの例1でいうと、

Aさん：「子どもが道路で遊ぶのは危ないよね」
Bさん：「子どもが外で遊ぶのはいいことだと思うけど」
Aさん：「確かに外で遊ぶのはいいことだと思うけど、道路は危ないよね？ 私が言っているのは、外は外でも「道路」で遊ぶと危ないと言っているんだけど」

このように、論点がずれていきそうなときは、「私が言いたかったのは○○のことです」と、相手を責めることなく冷静に論点の軌道修正をしていけばよいのです。

「揚げ足取り」という論点ずらし

もうひとつ、論点ずらしの例として「揚げ足取り」が挙げられます。

これは、**話し手が言いたい事柄とは無関係の言葉尻や矛盾点を捉えて非難したり、難癖をつけたりする手法**です。

次の会話例をご覧ください。

Aさん：「今日のランチ、イタリアンにしようかな」

Bさん：「イタリアンってピザとかパスタでしょ？ 最近ダイエットしてるって言ってなかったっけ？」

Aさん：「昨日、野球を見に行ってきたんだ」

Bさん：「この前『スポーツは全然興味がない』って言ってたのに、ころころ変わるね」

Aさん：「いつか実現できたらいいですね」
Bさん：「『いつか』っていう人は、いつも、『いつか』って言ってるよね」

こんなふうに言われてしまっては、なかなか気分良く会話を楽しめないですよね。

揚げ足取りは、このように、あなたの過去の言動と照らし合わせたり、その人の知識や関心事に引っ張ったりするので、これもまともに応じていると話がスムーズに進まなくなります。

▼「揚げ足取り」への対処法

基本的に、揚げ足取りはスルーするのが最善です。

いちいち反応していると、話が前に進まなくなってしまいますし、相手もあなたを困らせようとしているだけだったりしますので、無理に否定したり反応したりせず、困るそぶりを見せないのがポイントです。

ただ、あまりに相手がしつこい場合は、「揚げ足取りばかりするのはやめてもらっていいですか？」と伝えるのもいいでしょう。

「AだからB」論法

人間の脳は、理由を添えられると、納得してしまいやすいという性質があるといわれています。しかもなんと、その理由の中身は何でもいいのです。

心理学者エレン・ランガーの研究によると、人は「理由付きの依頼」に対して、たとえその理由が単純であっても承諾する傾向があるといいます。

ランガーが行った実験は、コピー機の順番待ちの列の先頭の人に、次の3つの言い方でお願いをするものでした。

パターン1：「すみません、5枚なのですが、先にコピーさせてもらえませんか？」

パターン2：「すみません、5枚なのですが、急いでいるので、先にコピーさせてもらえませんか？」

パターン3：「すみません、5枚なのですが、コピーを取らなければならないので、先にコピーさせてもらえませんか？」

では、各パターンで、それぞれどのくらいの割合で譲ってもらえたと思いますか？

それぞれの承諾率は次の通り。

パターン1（理由なし）：60％

パターン2（本物の理由「急いでいる」）：94％

パターン3（あいまいな理由「コピーを取らなければならない」）：93％

なんと、理由の内容がしっかりしていなくても、「理由がある」だけで承諾率が上がったのです。

つまり、**人は「理由が添えられる」ことで、納得してしまいやすくなる**のです。

この心理を知ってか知らずか、「AだからBなんだ」という論法で話をしてくるパターンはよくあるやり方で、相手からこの言い方をされると、どう反論していいかわからなくなることがあります。

例えば、マンションのオーナーから、次のように言われたとします。

「物価が上がっているから、家賃を値上げさせていただきます」

こう言われると、「確かに物価が上がっているなら、家賃が上がるのも仕方ないか」と何となく納得してしまいがちです。ですが、本当にそうでしょうか？

家賃は一般的に、新築時が一番高く、その後は経年劣化とともに下がっていくのが通常です。ですので、物価の上昇と家賃の値上げに直接的な関係があるのかは疑問のあるところです。

また、そもそも本当に物価は上がっているのでしょうか？ 仮に日本全体の平均は上がっていたとしても、その物件があるエリアに絞った場合はどうなのでしょう。

こう考えると、疑問が湧いてきますよね。

それなのに、「AだからBなんだ」と言われると、一見つながりがあるように感じるため、つい納得してしまいやすいのです。

▼「『AだからB』論法」への対処法

このような論法にはどのように対応すればよいのでしょうか？

これはシンプルで、**「本当にAなのか？」を問うことと、「AとBは『だから』でつながるのか？」を問うてみる**ことです。

本当にAという前提が正しいのか、そして、Aという前提とBという結論が正しく結びついているのかを確認、検証するのです。

家賃の例でいえば、

1．その物件のある地域では、本当に物価が上がっているのか？

2．物価の上昇と家賃の値上げには、本当に関連性があるのか？

を問うたり、検証したりするのです。

そうすることで、本当に家賃の値上げが必要な状況なのか、逆に、オーナーが収益を上げたいだけの口実を言っているのかが見えてくるでしょう。

これらを確認することで、もっともらしい理由に惑わされず、冷静に話し合いを進めることができるでしょう。

二分法の罠

続いては、人の脳を惑わす論法、「AかBかどちらなんだ」と二者択一を迫ってくるパターンです。

これは「二分法の罠」といい、**相手から物事の選択肢を2つに絞って提示されると、その初期情報が強いインパクトを持ち、二択以外の選択肢を考えられなくなってしまう現象**をいいます。

「AかBのどちらかしか選べない」と言われると、「どちらかしかないんだ」と思って、それ以外のCやDといった可能性が思い浮かばなくなってしまうのです。

「資本主義を否定するってことは、あなたは共産主義ってことですか？」

「あなたはこの会社で成功したいんですか？ それとも成功したくないんですか？」

「仕事と家庭、どっちが大事なの？」

このような質問を「二分法」と言います。二分法自体は、物事を「白か黒か」とはっきりさせるシンプルな質問形式です。

しかし、二分法には、「正しい二分法」と「誤った二分法」があります。〇×ゲームのように、本当に選択肢が2つしかないならばいいですが、右の例のように、選択肢が不自然に限定されている場合は「誤った二分法」と言えます。

なぜなら、本当は第3、第4の選択肢が存在する可能性があるにもかかわらず、相手が提示した2つの選択肢のどちらかしか選べないように見せかけているからです。

さらに、誘導尋問的に行われる「誤った二分法」もあります。

例として、2001年の米国同時多発テロの際、当時のブッシュ大統領が対テロ戦争において、世界各国に賛同を求めるために発した言葉があります。

「すべての地域のすべての国が今、下さなければならない決断がある。われわれ（米国）の側につくか、テロリストの側につくかだ」

この発言も「誤った二分法」に該当します。

このような言い方をされると、「自分は敵ではない」「自分は味方だ」と言わざるを得ない心理が働きますよね。

一見すると「敵か味方か」の2つの選択肢があるように見えますが、実際には片方の選択肢（テロリストの側）は最初から選べない、選んではいけないことが前提にあるのです。

▼「二分法の罠」への対処法

二択を迫られた場合は、「本当にその二択しかないのか？」という視点を持つことが重要です。

第3の選択肢があるのではないか、また、相手の質問自体が正しい質問なのかを、逆に問うてみることで、相手の誘導に惑わされずにすみます。

「資本主義を否定するってことは、あなたは共産主義ってことですか？」

←

「世の中にはいろいろな主義があるから、イコール共産主義にはならないですよね。

もし名づけるなら何主義って言えばいいのかな」

「あなたはこの会社で成功したいんですか？　それとも成功したくないんですか？」

←

「働く理由や目的は様々ですし、そもそもどういう状態が「成功」なのかを考えてみるのは、大事なことかもしれませんね」

「仕事と家庭、どっちが大事なの？」

←

「どちらも大切だから、両方充実させるにはどうすればいいかを考えよう」

このように、「二分法の罠」だなと気づいたら、それに乗ることなく、その問いを正しい方向に整えたり、第3の選択肢を考えていくことで、より本質的な話し合いに向かっていけるようにしましょう。これは、クリエイティブ・オプションを探し出すアプローチに似ていますね。

論点のずれに気づいたら、ナビのように軌道修正をしよう

ここまで、論点がおかしな方向にずれたり、あるべきではないところに論点が設定された場合のケースを見てきました。

論点がずれてしまうと、話が思わぬ方向に進んでいくので、きちんと軌道修正することが必要です。でも、このときに、「話がずれているよ！」とか「そういう誘導はしないで！」などと相手を責めたり、不快感を示したりする必要はありません。

車のナビゲーションやスマホのナビを思い出してみてください。本来右折すべき交差点を通り過ぎてしまったとき、ナビが「なんで今のところ曲がらなかったんですか！」とか「わざとですか？」などと言って、あなたを責めることはないですよね。何も言わず軌道修正して、「その次を右折です」「あと100メートルです」などと案内してくれます。

論点がずれた場合の対処もそれと同じです。

「今は、○○について話し合っているのですよね。改めてそれについて話しましょう」

そうすれば相手としても、「あれ？　論点が違っていたのか」とか、「この人は冷静に対話に臨んでいるな。簡単には自分のペースに巻き込めないな」と感じるでしょう。

このように、あなたが論点を意識している態度を示せば、その後の話し合いはきちんと進んでいくことが期待できます。

厄介な相手その②「人格攻撃」をする人

「コト」の問題がいつの間にか「ヒト」の問題にすり替わる

議論や交渉が白熱してくると、批判の対象が相手の意見に向けてではなくて、人に対する非難や悪口になってしまうときがあります。

話が自分の思ったように進まないと、その不満やうっぷんが人格や個人に向いてしまい、人格攻撃になってしまうのです。

はじめは何らかの事柄、つまり「コト」について話し合いをしていたのに、それがうまく進まなくなってくると、相手のせいなのではないか、相手が協力的ではないからなのではないかと、原因を「ヒト」に求めてしまいがちになります。「コト」の問題が、気づいたら「ヒト」の問題にすり替わってしまうのです。
人格攻撃には、主に以下のものがあります。

1. 能力の否定

「〇〇なんて考える人は頭が悪い」
「論理的思考ができない人なんですね」

2. 性格や性質の否定

「いつも行動が遅くて、納期も守れない人なんですね」
「そうやってすぐ諦める人ですよね」

3. 生まれや育ちの否定

「これだから田舎者は……」
「貧乏人にはわからないかもしれませんね」

4. 勝手なラベリング

「鈍感ってこういう人のことだよな～」

「これだから、ゆとり世代はさ～」

5. 過去の引き合い

「○○で失敗した人が言っても説得力がない」

「あいつは昔捕まったことがあるのに、そんな人間の言葉を信用するのか？」

▼「人格攻撃」への対処法

人格攻撃を受けて平気でいられる人は多くないでしょう。

けれども、どんな人格攻撃であっても、感情的になって反論するのは得策ではありません。「そういうあなただって！」と売り言葉に買い言葉にならないよう、冷静に対応することが大切です。

人格攻撃のポイントは、「コト」の問題が「ヒト」の問題にすり替わっていることです。ですので、**「ヒト」の問題を、今一度、「コト」の問題に戻すために、視点を切り替えて、流れを変える**ことに注力しましょう。

例えば「私が○○だとおっしゃるのですね」と相手の人格攻撃発言をあえて復唱してみることで、発言者に、「あなたが言ったことは不適切だ」ということを気づかせたり、「それを言ってしまうと話し合いの前提が崩れます」と相手の発言によれば話し合いが成り立たなくなることを示せると効果的です。

厄介な相手その③「マウント」を取りにくる人

スノージョブで心理的優位に立とうとする

スノージョブという言葉をご存じでしょうか。

スノージョブとは、自分の専門知識をひけらかし、相手が内容を十分に理解できない状態を作り出して心理的に優位に立とうとすることをいいます。

例えば、あたかも共通語のようにカタカナを多用したり、難しい専門用語を並べて説明を始めるケースです。

ビジネスの場でも、やたらと横文字を使って話をする人を見かけたりしませんか？

「顧客のインサイトにアプローチする以前に、そもそもファクトチェックはできているの？」

「このＫＰＩを回すには各部署とコンセンサスを取っておかなきゃね。アグリーできる？」


言われたほうは、わかったつもりで受け答えしなければいけない雰囲気になりますね。そうしないと、なんだかバカにされそうな気もしてしまいます。そのため、内容を正確に理解しないまま返事をしてしまうことも少なくありません。

ですが、それでは相手に言いくるめられてしまったり、意図せず妥協してしまい、望む結果が得られなくなってしまいます。

▼「スノージョブ」への対処法

でも、このような場合でもたじろぐ必要はありません。

その人自身がどういう意味で使っているのかを確認したり、具体的な例を尋ねたりすることで、圧倒されることなく会話を続けることができます。

「〇〇さんのおっしゃる『インサイト』って、どういう意味で使っているのですか？」
「『コンセンサスを取る』のは、具体的にはどんな内容のものと理解しておけば、OKですか」

といった具合です。

スノージョブは一見すると豊富な知識に裏打ちされていて説得力があるように見えますが、一つひとつ確認していくと、意外とシンプルな内容だったり、本人もよくわからず、あるいはふわっとした意味でしか使っていないこともあるので、焦る必要はまったくありません。

むしろ、「そういう言葉を使ってマウントを取ろうとしているのかな」と眺めてみる余裕を持つことがポイントです。

焦らせて判断を煽るタイムプレッシャー

タイムプレッシャーとは、「期限に間に合わないと失敗するぞ」といった状況をち

らつかせて結論を急がせる手法です。

例えば、短い期限の締め切りを設け、「今決めないと損する」「これしかない」と緊急性や希少性を演出して早急な判断を促したり、期限ギリギリまで回答や決定を引き延ばして相手を焦らせるなど、時間がないことを理由に優位に立とうとします。

わかりやすいのは、タイムセールや期間限定のキャンペーンなどです。

「今日までこのお値段ですけど、これを逃すと、この値段ではもう買えませんよ」
「ほかにも希望者はいらっしゃるので、お早めにご決断することをおすすめします」

と言われて、「急いで決めなくちゃ」と焦って不要なものを買ってしまった経験は、多くの方にもあるのではないでしょうか。

▼「タイムプレッシャー」への対処法

タイムプレッシャーによって、焦ったまま間違った結論に至らないためには、一旦立ち止まり、次のようなことを確認するとよいでしょう。

1. この機会をスルーしたところで、実際のところ、どのような不利益が起こるのか
2. 本当に今しかないチャンスなのだろうか

ご縁というのは不思議なもので、必要であればまた巡ってくることが多く、「今の機会を逃したらもうチャンスは二度とこない」とか、「今どうしても決めなければ人生が狂ってしまう」という事態は、意外と少なかったりするものです。

それよりも、「今、自分は焦っているのではないか」という自分の状態に気づくことが大事です。

自分を俯瞰する、自分を客観的に見る、そういう視点を持ってみましょう。そうすれば、あとになって、「なんであのとき焦って答えてしまったんだろう」という後悔を防ぐことができるようになります。

第三者の権威

「あの○○教授もそう言っているんです」
「この商品は△△協会公認の健康サプリメントなんです」

こんなふうに言われると、なんだか説得力があるように感じませんか？

第三者の権威や信ぴょう性を借りて、自分の主張や提案を正当化する手法を「第三者の権威の利用」などと言います。

ビジネスの場でも、以下のようなやり取りが見られることがあります。

営業A：「このシステムを導入すれば業務効率が20％向上します」
顧客B：「本当ですか？」
営業A：「はい。このシステムは定評ある調査会社の調査によると、導入した98％の企業が満足しており、大手企業の××会社でも導入されています」

こう言われると、なんだか良さそうなシステムに思えて、導入したくなりそうです。

これは心理学で「ハロー効果」と呼ばれる現象です。「何かで一流な人は、ほかの分野でも一流に見える」というように、見た目の良さや肩書の立派さなど一部の特徴的な印象が、その人の能力や信ぴょう性など全体の評価にも影響を与えるものです。

この手法では、相手にとって影響力のある人物などを利用して「○○さんも言っていた」と伝えることで、「あの○○さんが言っているなら間違いない」という心理に誘導するのです。

▼「第三者の権威」への対処法

これに対処する方法は、**その権威がある人と、話し合いのテーマや論点との間にどの程度の関係性があるのかを確認する**ことです。


「××会社で導入されているのはわかりましたが、当社にはどのような影響があるのでしょうか？」

「○○教授は、この商品についてどの程度詳しいのですか？」

このようなことを確認すると、案外つながりが薄いことが判明したりします。
また、第三者の意見やデータが本当に信頼できるものか、出典や最新の情報を確認することも重要です。

「〇〇さんが言っていたということですが、それはいつ頃の話でしょうか？」
「最新の調査とのことですが、実際に何社くらいに調査をかけて、どのくらいの回答率だったのですか？」

何も相手の揚げ足を取ろうというわけではないですが、かといって安易に「そうなんだ、〇〇さんも言っていたんだ」と納得してしまうのではなく、このように**相手の根拠を吟味する姿勢を持ち続ける**ことが大切です。

一方的に話し続ける人

とにかく話が止まらない人、自分の話ばかりする人に出会うこともあります。特にマウントを取ろうとする人は、人の話を遮って、自分の話をしがちです。相手の話を最後まで聴かず、かぶせるように自分の話をしてくると、こちらもやがて疲弊してしまいます。

これについては、第3章「話がまとまる『聴く』スキル」の中でも、話を止めることのお話はしましたが、ここではもう少し踏み込んでお伝えします。

一方的な話が延々と続く場合、一旦その話を止め、自分が話し合いの主導権を握ることを目指します。

相手に不快感を与えず話を止めるポイントは主に3つです。

▼「一方的に話し続ける人」への対処法

①理由や目的を添える

話を止める際には、理由や目的とセットで伝えることが大切です。

例えば、次から次へと話題を繰り広げている場合には、

「論点を整理したいので、ここでいったん止めますね」

と理由を添えて話の流れをコントロールしましょう。

また、ほかの人の発言を遮ってまで話そうとする人には、「等しく皆さんに話す機会を持ってもらうので、○○さんのあとでお願いしますね」といった形で対応します。

話し合いの「場」を適切にコントロールすることも、議論をまとめるための重要なスキルです。

一生懸命に話をする人は、話し合い自体は前に進めたいと考えています。ですので、「ここまでの話の整理をしたいので」のように、話を進めるための中断なんだという理由や目的がわかれば、納得して話を止めてくれることが多いものです。

②流れを変える

話が違う方向に向かってしまった場合には、その話を受け止めつつ流れを変える方法もあります。例えば、

「なるほど。その話を聴いて思い出したのですが……」

このあとに続ける話は、まったく別の内容でも問題ありません。「あなたの話を聴いて」と前置きすることで、「今まであなたの話をしっかり聴いていた」という姿勢を示せるので、話を止められた相手が気分を害することはありません。

③第三者に話を振る

ほかにも参加者がいる場合は、別の人に話を振るのも効果的です。

「皆さんの話も聴いてみたいのですが、○○さんはどう思われますか?」

「あなたの話はもう十分です」と否定的な表現を使うことは避けましょう。あくまでも「あなたの話をもっと聴きたい気持ちは山々なのですが……」という姿勢を示す。そのうえで、「ほかの人の意見『も』聴きたい」ということを伝えれば、相手も自分がないがしろにされたとは感じにくくなり、うまく話を止めることができます。

④ファシリテーターになってみる

少しハードルが高く感じるかもしれませんが、ファシリテーターの役割を担ってみるのもひとつの方法です。

ファシリテーターは、当事者でありながら進行役も務める存在です。そのため、自分の意見を述べることも問題ありません。そこがただの司会者とは大きく違います。

わざわざ「ファシリテーターをやります！」と宣言する必要はなく、自然とそのような立場に自分を置けばよいです。ファシリテーターとして主導権を握ることができると、これまで述べたような対処法が取りやすくなることを実感できます。

以前、とある地域の住民が自治体ともめたことがありました。住民によれば、「目の前の公園内に建物を建てることが自治体で決まった。けれど住民はみんな反対しているので、役所に異議を申し立てに行きたい」とのことでした。

私も一市民として役所に赴いたところ、住民と役所の職員が完全に対立状態になっていました。役所の説明に対して住民は好き勝手な意見を述べ、職員も的外れな返答を繰り返すだけ。このままでは、ただ時間が過ぎていく気配でした。

職業柄、このような場面に遭遇することは珍しくないこともあり、私は自らファシリテーターとなり、場を仕切ることにしました。

住民は役所側の話を丁寧に聴き、役所側も住民の意見を丁寧に聴くことをお願いし、お互いの主張の相違点を確認しつつ、自分の意見も交えながら進行しました。

その結果、話し合いはうまくまとまり、住民の意見が受け入れられる形で解決しました。後日、住民の方々から感謝の言葉をいただいたことを覚えています。

ファシリテーターは、相手から主導権を奪うことではありません。ただ、その場を仕切り、場の流れを作り、当事者として意見も述べる立場を自然に担うこと。それが話し合いを前に進めるためのひとつの手段になるのです。

怒りは「頭」にではなく「腹」に据える

頭に血が上っては良い判断はできない

これまでにご紹介した「厄介」なパターン、どれかひとつが当てはまるときもあれば、いくつかが合わさった「厄介」に遭遇することもあるかもしれません。

どのような場合でも、それぞれの対処法を思い出して、対応してみてください。

そして、そのときは決して感情的にならないようにしましょう。イライラしたり、怒りをぶつけたりすることは、避けなければなりません。

日本語には、「頭に血が上る」「頭にくる」など、頭の中が怒りに満ちている状態は望ましくないことを示す表現がある一方、「腹落ちする」「腹を割って話す」など、腹に自分の感情を置いておくことを肯定する表現があります。

この日本語の通り、怒りやネガティブな感情が頭の中を占めている状態では、たいていの場合誤った判断や行動をしてしまうものです。

そう、怒りは頭に上らせず、腹に据えておくことが大切なのです。


「心は熱く、頭はクールに」


もちろん、人は感情の生き物であり、怒りの感情が湧くのは自然なことです。感情は、時に人を動かすエネルギー源でもあります。

怒りを完全に抑え込む必要はありませんが、感情に支配されず、自分の意志で行動を選ぶために、感情をうまくマネジメントできるようになりたいですね。

イライラしたときは重要な判断をしないと決める

特に私がおすすめするのは、**「イライラしているときには重要な判断や決定をしな**

い」と決めておくことです。

怒りに任せて書いたメールをあとから読み返してみたことはありませんか？

怒りの勢いに任せて書いた文章は、翌朝冷静になったときに読み返してみると、およそ人に見せられるものではないと気づくことが多いものです。

確かに書いた当時は冷静を装い、喧嘩腰にならないように工夫したつもりでしょう。けれど、文章には怒りのニュアンスがにじみ出ており、丁寧な言葉遣いであっても逆に怒りを強調してしまうことさえあります。

夜中にメールを送信し、翌朝後悔するというのはよくある話です。

ですから私は、イライラしているときに書いたメールは、翌朝読み返してから送信するようにしています。

頭に血が上っている状態では脳は正しい判断を下せないと思いましょう。

答えは自分自身の中にある

メタ認知で冷静さを取り戻す

本章では、「厄介な相手」に対処する方法や、円滑な話し合いを実現する方法について、いくつかのポイントをお伝えしてきました。もっとも、本書で紹介した厄介事はほんの一部にすぎません。ほかにも、話がまとまるうえで障害になる厄介事は存在します。

それらの厄介事に対処するには、ともかく冷静になることです。

相手の話に知らないうちに乗っかってしまったり、売り言葉に買い言葉で議論を始めたり、相手を否定してしまっては建設的な話し合いにはなりませんし、お互いが納得するゴールは遠ざかってしまいます。

冷静になるには、自分を客観視すること、俯瞰して見てみること。つまり、「メタ認知」が重要です。

メタ認知とは「今、自分自身が行っている行動や思考そのものを認知の対象として、自分自身を客観的に認識する」ことです。

あたかも幽体離脱したかのように、斜め後ろから自分を俯瞰するイメージというとわかりやすいでしょうか。こうすることで、自分の言動や思考が正しいかどうかを冷静に見つめ直すことができます。例えば、

「あ、今、自分は頭にきてるな」

「なんだか焦っていて、本来の自分じゃないな」


このような自分に気づき、何がそうさせているのか、その状況や原因を考えます。

これを繰り返していると、自分がどんなときにそのような状態になるのかがわかり、徐々にそのような事柄に対して、冷静に対応できるようになってきます。

「今、自分は怒っているから、適切な判断はできないな」

「焦っていると、その場しのぎの判断をするかもしれないから気をつけよう」

このように自分を客観視することができたら、同じように相手の姿も冷静に見ることができ、正しい対応ができるようになるでしょう。

また、怒りを感じたときには、こみ上げる気持ちとうまく付き合えるスキルとして「アンガーマネジメント」があります。

怒りを感じたときには「6秒数えましょう」とか「深呼吸しましょう」など、有効な方法が数多くあります。

どちらも次の行動に出る前に「時間を置く」ということですから、「頭に血が上ったときには決めない」ということにつながりますね。

特に深呼吸は、第2章の「ヒートアップしている自分に気づこう」でもお伝えしましたが、副交感神経を活性化させ、気持ちを落ち着ける効果があります。

自分を見つめ直し成長することが、納得する着地への近道

こうして改めて振り返ると、実は最も大切なのは、他者との関係を通じて、自分自身の在り方を見つめ直し、成長していくことかもしれません。

話し合いは、自分の感情をどのように管理し、どのように冷静さを保ち、柔軟に対応できるかが試される場でもあります。言葉や態度が、どんなに高度なテクニックに基づいていても、自分自身の内面が整っていなければ、それは一時的な対応に終わってしまいます。

「厄介」な状況に直面するたびに、自分がどう向き合うべきかを問い直すことが、最終的には自分を高めるきっかけとなります。そして、そのプロセスを通じて得た成長こそが、より良いコミュニケーションや、建設的な話し合いを生み出していくでしょう。

どんな場面でも自分を見失わず、常に冷静さと敬意を持って相手に接することを忘れないでください。それが、「厄介」な状況を超えていく真の力となるでしょう。

おわりに

最後までお読みくださり、ありがとうございました。いかがでしたでしょうか。

議論が平行線をたどってしまうとき、喧嘩別れに終わってしまうとき、うまくまとまらないときには、本書で述べた思考法と3つのスキル「聴く」「整える」「着地する」のどこかにボトルネックが存在しています。そんな〝引っかかり〟を解消し、建設的な話し合いを通じてお互いに納得のいく形にまとまることができたらとの思いで、本書を執筆しました。

これらを実践していくうえで必要なのは、非の打ちどころのない正論や完璧な論理ではありません。本書でお伝えしたマインドとスキル、あとほんの少しの勇気です。「苦手だから」と話し合いを避けるのではなく、話し合いに向き合う勇気、そして相手の話を聴き、受け入れるほんの少しの勇気を持って臨んでいただければ、たいていの話し合いはうまくまとまります。

話し合いに勝ち負けはありません。「うまく話さなければ」「負けたらどうしよう」と恐れる必要はないのです。

現代では、ＳＮＳやメールを通じた非同時的なコミュニケーションが増え、直接顔を合わせて対話をする機会が減少しています。その結果、誤解や摩擦が生じやすい時代になったといえるでしょう。

しかし、こうした環境だからこそ、話し合いに向き合う価値は一層高まるのではないでしょうか。大切なのは、「話し合いを始める」ということです。恐れず、小さな一歩を踏み出していただけたらと思います。

この本が、皆さまの不安や苦手意識を少しでも解消し、新たな気づきやヒントをお伝えできたのなら幸いです。話し合いによって、皆さまの日常がより豊かで実りあるものとなるよう、精一杯のエールを送り、筆を置きたいと思います。

波戸岡光太

編集協力　小林真弓
本文デザイン　山之口正和＋高橋さくら（OKIKATA）
DTP　野中賢／安田浩也（システムタンク）
企画・プロデュース　鹿野哲平

著者紹介

波戸岡光太　弁護士/ビジネスコーチ。日本を支える中小企業とビジネスパーソンをもりたてるパートナーとして、法的アドバイス、対外交渉、契約書作成、労務問題の予防・解決を中心に活動。クライアント企業の分野は広く、法律相談数は1000件を超える。弁護士（東京弁護士会）、BCS認定プロフェッショナルエグゼクティブコーチ、JSNS認定交渉アナリスト1級。弁護士とビジネスコーチ、交渉スキルを兼ね備える稀有な存在ならではの視点で、本書は展開。議論が苦手な人に役立つヒントが満載の1冊である。

https://hatooka.jp/

論破《ろんぱ》されずに話《はなし》をうまくまとめる技術《ぎじゅつ》

2025年5月5日　第1刷

著　　者　波《は》戸《と》岡《おか》光《こう》太《た》

発 行 者　小澤源太郎

責任編集　株式会社　プライム涌光
電話　編集部　03(3203)2850

発 行 所　株式会社　青春出版社
東京都新宿区若松町12番1号 〒162-0056
振替番号　00190-7-98602
電話　営業部　03(3207)1916

印刷　三松堂　　製本　ナショナル製本

万一、落丁、乱丁がありました節は、お取りかえします。

ISBN978-4-413-23401-6 C0030